CAMBRIDGE LIBRARY COLLECTION

Books of enduring scholarly value

Archaeology

The discovery of material remains from the recent or the ancient past has always been a source of fascination, but the development of archaeology as an academic discipline which interpreted such finds is relatively recent. It was the work of Winckelmann at Pompeii in the 1760s which first revealed the potential of systematic excavation to scholars and the wider public. Pioneering figures of the nineteenth century such as Schliemann, Layard and Petrie transformed archaeology from a search for ancient artifacts, by means as crude as using gunpowder to break into a tomb, to a science which drew from a wide range of disciplines - ancient languages and literature, geology, chemistry, social history - to increase our understanding of human life and society in the remote past.

Orchomenos

In the winter of 1880–1, the wealthy German businessman and self-taught archaeologist Heinrich Schliemann (1822–1890) embarked on a new project, to excavate the 'Treasury of Minyas' at Orchomenos. He was accompanied by his wife and by the distinguished Oxford Assyriologist A.H. Sayce. This book, published in 1881, begins with a vivid description of the journey from Athens to Orchomenos, through gorges and swamps, and across mountain passes. Schliemann mentions earlier attempts to excavate the treasury (actually a Mycenaean beehive tomb), the difficulty of the terrain, and how he engaged over 100 local people to assist in the removal of earth and stones from a large area. He lists pottery, artefacts and stone implements, and gives detailed measurements of walls, towers and gates. The book includes drawings of sculpted decorations including rosettes and spirals, and the texts of classical Greek inscriptions found at Orchomenos and at nearby Copae.

Cambridge University Press has long been a pioneer in the reissuing of out-of-print titles from its own backlist, producing digital reprints of books that are still sought after by scholars and students but could not be reprinted economically using traditional technology. The Cambridge Library Collection extends this activity to a wider range of books which are still of importance to researchers and professionals, either for the source material they contain, or as landmarks in the history of their academic discipline.

Drawing from the world-renowned collections in the Cambridge University Library, and guided by the advice of experts in each subject area, Cambridge University Press is using state-of-the-art scanning machines in its own Printing House to capture the content of each book selected for inclusion. The files are processed to give a consistently clear, crisp image, and the books finished to the high quality standard for which the Press is recognised around the world. The latest print-on-demand technology ensures that the books will remain available indefinitely, and that orders for single or multiple copies can quickly be supplied.

The Cambridge Library Collection will bring back to life books of enduring scholarly value (including out-of-copyright works originally issued by other publishers) across a wide range of disciplines in the humanities and social sciences and in science and technology.

Orchomenos

*Bericht über meine ausgrabungen im
Böotischen Orchomenos*

Heinrich Schliemann

CAMBRIDGE UNIVERSITY PRESS

Cambridge, New York, Melbourne, Madrid, Cape Town, Singapore,
São Paolo, Delhi, Dubai, Tokyo

Published in the United States of America by Cambridge University Press, New York

www.cambridge.org
Information on this title: www.cambridge.org/9781108017183

© in this compilation Cambridge University Press 2010

This edition first published 1881
This digitally printed version 2010

ISBN 978-1-108-01718-3 Paperback

ORCHOMENOS.

ORCHOMENOS.

BERICHT ÜBER MEINE AUSGRABUNGEN

IM

BÖOTISCHEN ORCHOMENOS.

VON

DR. HEINRICH SCHLIEMANN.

MIT 9 ABBILDUNGEN UND 4 TAFELN.

LEIPZIG:
F. A. BROCKHAUS.
1881.

Vorwort.

Schon im Juni 1879 beendigte ich meine Forschungen in Hissarlik, aber mein darüber publicirtes Werk „Ilios" hielt mich noch anderthalb Jahr beschäftigt. Sobald ich im November 1880 damit fertig war, schritt ich zur Ausführung meines langgehegten Plans, auch das Minyeische Orchomenos* zu erforschen, und erstatte nun Bericht über meine dortigen Arbeiten.

Nur drei Städte sind es, denen Homer das Epitheton „goldreich" beilegt, nämlich: Troja, Mykenae und das Minyeische Orchomenos; die beiden ersteren haben sich durch die von mir darin zu Tage gebrachten Schätze auch wirklich als goldreich erwiesen. Wiewol ich nun in Orchomenos nicht auch Goldschätze fand, so sind doch die von mir dort ausgegrabene Schatzkammer und der Thalamos mit seiner wunderbar gearbeiteten Steindecke stumme Zeugen dafür, dass auch hier einst grosse Reichthümer aufgehäuft lagen, und beweisen, dass das von Homer dieser Stadt gegebene Epitheton vollkommen passend war.

Die vorzüglichen Zeichnungen der Decke des Thalamos (Nr. I und II), sowie der Plan des Schatzhauses und die Zeich-

---

* Dieses in Böotien gelegene Minyeische Orchomenos ist wohl zu unterscheiden von der unweit Mantineia in Arcadien gelegenen Stadt gleichen Namens.

nungen der Thalamosthür und der Thürschwellen (Nr. IV—
VII), sind von den aus Olympia bekannten, ausgezeichneten
deutschen Architekten Herren Wilhelm Dörpfeld, Richard Borr-
mann und Fr. Gräber ausgeführt, denen ich hiermit meinen
wärmsten Dank dafür abstatte.

Berlin, im Juli 1881.

Heinrich Schliemann.

I.

Von Athen nach Orchomenos.

Der Reisende, welcher von Athen aus das böotische Orchomenos zu besuchen wünscht, geht auf der Chaussee über Eleusis und Theben bis Lebadeia. Von Athen aus fährt man die Hermes-Strasse entlang, biegt fast dem Theseion gegenüber rechts um und lässt die herrlichen Grabmäler bei der Hagia Trias, sowie das Dipylon und die übrigen in den dort gemachten Ausgrabungen ans Licht gebrachten Ruinen links liegen. Zur Linken hat man den Botanischen Garten, tritt (18 Min.) in die grossen Pflanzungen von Olivenbäumen, und sieht in einer Entfernung von ungefähr tausend Schritt zur Rechten den durch Sophokles berühmt gewordenen Hügel von Colonos, auf dem sich die Gräber von Karl Otfried Müller und Charles Lenormant befinden. In dem Olivenwäldchen überschreitet man drei, fast immer trockene Arme des Kephissos; unter den Olivenbäumen sind mehrere, denen der Botaniker Th. von Heldreich in Athen ein Alter von mehr als 1500 Jahren zuschreibt. Wahrscheinlich ist der jetzige Weg, nach seinem Austritt aus dem Olivenwäldchen, identisch mit der alten heiligen Strasse (ἱερὰ ὁδός), denn wir sehen dort die kleine Kapelle des heiligen Georg, welche die Baustelle eines einst an der Seite des alten Wegs gestandenen Tempels zu bezeichnen scheint; die zahlreichen ausgegrabenen Felsengräber, die man auf beiden Seiten des Wegs er-

blickt, können in dieser Hinsicht kaum einen Zweifel übriglassen.
Aber am Fusse des kegelförmigen Hügels Poikilos, vor dem
Eingange zum Engpasse (20 Min.), scheint sich die heilige
Strasse zur Rechten gewandt zu haben, während die jetzige
links geht. Der Engpass wird rechts vom Berge Ikaros, links
vom Berge Korydallos (d. h. Haubenlerche, *alauda cristata*) be-
grenzt, auf welch letzterem man einen Thurm und die Ruinen
von Mauern erblickt. Zur Linken, beim Eintritt in den Engpass,
sieht man in einer Ausgrabung Fundamente aus grossen Steinen,
welche das im Jahre 1855 vom General Vassoignes entdeckte be-
rühmte Grab der Frau des Makedoniers Harpalos bezeichnen.
Diese war aber keine andere als die Hetaera Pythionike, in die
sich Harpalos so verliebte, dass er sie nicht nur zu seiner Ehe-
frau machte, sondern ihr auch nach ihrem Tode ein Grabmal
errichtete, welches Pausanias[1] als das prachtvollste und sehens-
wertheste aller alten griechischen Grabmäler bezeichnet. Der
Engpass von Daphné ist leicht zu vertheidigen; derselbe bildet
die directe Strasse vom Peloponnes nach Athen und war daher
im Alterthum in militärischer Hinsicht von höchster Wichtigkeit.
Vom höchsten Punkte des Passes (20 Min.) hat man, zurück-
blickend, eine herrliche Ansicht von Athen, der Ebene, dem
Piraeus und den umliegenden Bergen.

Die Strasse geht von dort, auf einer sanften Bodenneigung,
zu dem in einem kleinen niedlichen Thale gelegenen Kloster von
Daphné hinab, das theilweise in Ruinen ist. In den Wänden der Kirche, sowie in den Umfassungsmauern sind viele
behauene Marmorblöcke, die offenbar von einem alten hellenischen Gebäude und ohne Zweifel von dem von Pausanias[2]
erwähnten Apollotempel herstammen. Wahrscheinlich stand
aber dieses Heiligthum nicht auf der Stelle des Klosters, son-

---

[1] Pausanias I, 37, 5.
[2] Ebendas. I, 37, 5.

dern etwas höher hinauf, zur Linken, dort, wo jetzt die Trümmer einer byzantinischen Kirche liegen. In dem Gewölbe unter dem Narthex der Klosterkirche hat Buchon die Gräber der Fürsten von Athen entdeckt. Neben dem Kloster sehen wir die Ueberbleibsel einer dicken Mauer, die einst den Engpass vertheidigte. Hinter Daphné geht der Weg am linken Rande der Schlucht entlang, die hier anfängt und allmählich tiefer wird. Die heilige Strasse lief am rechten Rande der Schlucht hin, denn Spuren davon sind an vielen Stellen im Felsen sichtbar. Bald wird die Schlucht flacher, das Thal enger; der Weg geht dann durch ein enges, mit Olivenbäumen bepflanztes Feld, auf der linken Seite von der See bespült, die hier einen grossen Busen bildet und in welcher in geringer Entfernung die Insel Salamis liegt. Auf der rechten Seite erblicken wir (30 Min.) die Baustelle des Tempels der Aphrodité Philé, dessen Fundamente theilweis erhalten sind; derselbe war zu Ehren von Philé, der Frau des Demetrios Poliorketes errichtet, und an den Felsen gelehnt, in welchem viele Nischen sind. Von Pausanias[1] wird als vor diesem Tempel stehend eine Mauer aus grossen unbehauenen Blöcken erwähnt und als sehenswerth bezeichnet. Die Ruinen dieser, im sogenannten cyklopischen Styl erbauten Mauer liegen noch vor der Baustelle des Tempels und es sind noch mehrere der grossen Blöcke an ihrer Stelle.

Ein grosses verfallenes Haus (15 Min.), welches am Strande, nahe am Wege, liegt und früher der Khan von Scaramanga war, bezeichnet den halben Weg zwischen Athen und Eleusis. Von hier sehen wir im Meerbusen die beiden kleinen Pharmakussae-Inseln, welche jetzt Kyradhes oder die Megali- und Mikra-Kyra genannt werden, und auf deren grösserer im Alter-

---

[1] Pausanias I, 37, 6.

thum das Grab der Circé (Kirké) gezeigt wurde.[2] Eine Strecke
lang ist dann der Weg im felsigen Ufer ausgeschnitten und mit
der alten heiligen Strasse identisch. Wir verlassen den Felsen
(10 Min.) und sehen zur Rechten eine kleine Ebene mit
dem ersten der beiden kleinen Salzseen, Rheiti (Ῥεῖτοι), deren
Wasser, wie im Alterthum angenommen wurde, vom Canal von
Euboia kommt. Der eine derselben war der Demeter, der andere
der Persephoné geheiligt; die Priester in Eleusis hatten allein
das Recht darin zu fischen. Die heilige Strasse kann man
leicht in den Felsen um den ersten See herum verfolgen; dieselbe ging wahrscheinlich auch um den zweiten See, während
die moderne Strasse dem Ufer entlang führt. Gleich hinter den
Salzseen passirt man den Eleusinischen Kephissos und kommt
in das fruchtbare Thriasische Gefilde, welches seine Benennung
vom *demos Thria* erhalten hatte, und das sich, dem Meerbusen entlang, von den Rheitoi-Salzseen bis nach Eleusis ausdehnt. Die Berge von Salamis beschützen es gegen die Südwinde,
während die Bergkette des Kithaeron es auf der West-, die des
Parnes auf der Nord- und die Berge Korydallos und Ikaros auf
der Ostseite beschützen. Die Insel Salamis, welche jetzt aus
nackten Felsen besteht und nicht ihre 700—800 Einwohner er-
nähren kann, von denen die meisten ihren Lebensunterhalt auf
dem Festlande verdienen, scheint im Alterthum eine fruchtbare
Insel gewesen zu sein, denn sie hatte 20000 Einwohner, und sogar einen früher Bokaros genannten Fluss, der zu Strabo's Zeit
Bokalia hiess; der ältere Name der Insel war Pityussa, der ihr
durch ihre grossen Fichtenwälder geworden ist.[1]

Zwischen dem Kephissos und Eleusis sieht man an der
Seite des Wegs eine Masse alter Ruinen, deren erste (15 Min.)
zur Linken das Heroon des Eumolpos, des mythischen Grün-

---

[1] Strabo IX, 395.
[2] Ebendas. IX, 394.

ders der eleusinischen Mysterien zu bezeichnen scheint; darauf (15 Min.) folgt ein kleiner mit Bruchstücken von Marmor bedeckter Hügel, der von einigen das Grab Strato's, von andern das des Heros Hippothoon genannt wird. Weiterhin (30 Min.) sieht man links die von Hadrian über den Kephissos errichtete monumentale Brücke, die von dem Alluvium des Flüsschens verschüttet war und im Jahre 1863 von Fr. Lenormant theilweise ausgegraben ist. Darauf (15 Min.), bei der Einfahrt in Eleusis, die Baustelle des Tempels des Triptolemos, auf welcher die Kirche des Hagios Zacharias steht.

Eleusis, jetzt im Volksmund Elefsina, war der Geburtsort des Aischylos, und es wird vermuthet, dass der Ort seinen Namen vom Kommen, ἔλευσις, der Demeter hat. Er verdankt seine Berühmtheit dem Tempel der Demeter und der Persephone, sowie den zu Ehren dieser Göttinnen gefeierten Mysterien, welche als die heiligsten in Griechenland angesehen wurden.

Der Tempel war am östlichen Ende einer felsigen Höhe erbaut, die sich parallel mit dem Meeresufer hinzieht und nach Westen durch eine kleine Ebene von den Abhängen des Berges Kerata getrennt ist. Die Baustelle des Tempels war künstlich geebnet und oberhalb derselben war die Akropolis.[1] Die Stadt lag auf dem dreieckigen Raum, der sich zwischen der felsigen Höhe und dem Strande hinzieht. Der Tempel der Demeter war, nach Strabo, der grösste in Griechenland; sein Plan war von Iktinus, dem Architekten des Parthenon, gemacht. An der Nordseite sind zwei geheiligte Bezirke und zwei aufeinanderfolgende Propylaea; vor den erstern ist ein zertrümmertes Pflaster, in dessen Mitte wir die Reste des Tempels der Artemis Propylaea erkennen. Die ersten Propylaea sind eine genaue Copie der Propylaea in der Akropolis in Athen. Die Propylaea

---

[1] Castellum, quod et imminet, et circumdatum est templo. Livius, XXXI, 25.

des zweiten Bezirks sind bedeutend kleiner als die des ersten;
sie wurden von Appius Claudius Pulcher im Jahre der Schlacht
von Pharsala gebaut. Diese Monumente sind im Jahre 1860
von Fr. Lenormant, auf Kosten der französischen Regierung, ausgegraben worden. Der grosse eigentliche Tempel der Demeter
ruht noch unter den Häusern des Dorfes; derselbe wird nun
aber bald von der Archäologischen Gesellschaft in Athen ausgegraben werden, da es der griechischen Regierung gelungen
ist, nach und nach alle Häuser anzukaufen, und dieselbe den
Leuten das nöthige Land für neue Wohnungen am Strande an-
gewiesen hat.

Von Eleusis führt der Weg in nordwestlicher Richtung durch
die Ebene bis (1 St.) zum Dorfe Mandra. Derselbe steigt
darauf eine wohlbewaldete, malerische Felsschlucht hinauf und
erreicht (1 St. 30 Min.) den Khan von Palaeo-Kundura, der in
einem kleinen einsamen Thale liegt. Weiter (1 St. 30 Min.)
erreicht man eine Höhe, von wo man, über eine vorliegende
Bergkette hinweg, die Gipfel des Hymettos und des Pentelikos
erblickt. Der Weg zieht sich wieder bergab und dann durch ein
Thal, welches sich nach Westen hin ausdehnt. Nahe beim kleinen
Dorfe Mazi kommt man an einem hellenischen Thurm vorüber,
der, wie einige meinen, die Baustelle des alten Oinoe bezeichnet.
Die Strasse geht eine andere beackerte Bergschlucht hinan und
erreicht (30 Min.) den Khan von Casa, am Fusse des Kithaeron,
unweit einer der Hauptquellen des eleusinischen Kephissos, in
einer Entfernung von 4 St. 30 Min. von Eleusis. Neben dem
Khan ist ein Gensdarmenquartier. Gerade gegenüber sieht man
auf einer steilen Felshöhe die alte, jetzt Γυφτόκαστρον genannte
Festung Eleutherae, worüber S. Hoh. der Erbprinz Bernhard
von Sachsen-Meiningen unlängst einen ausgezeichneten Plan mit
einer gediegenen Dissertation publicirt hat. Diese Festung be-
zeichnete die Grenze von Attika und Böotien und vertheidigte
den Engpass des Kithaeron; sie gehörte zu Attika, aber doch

nicht zu seinen demoi, daher ihr Name. Sie ist 1200 Fuss lang; ihre grösste Breite ist 330 Fuss; die aus schönem hellenischen Mauerwerk bestehenden, 8 Fuss 8 Zoll dicken Mauern sind mit hervorstehenden viereckigen Thürmen versehen, deren Mauern 5 Fuss 5 Zoll dick sind. Sie hatte sieben Thore, deren Oeffnung oben 4, unten 4 Fuss 6 Zoll breit ist. Dies ist jedenfalls die besterhaltene alte Festung in Griechenland. Aber im Widerspruch mit dem allgemeinen Dafürhalten glauben Einige, dass dies die Festung Phylé ist, die im Jahre 404 v. Chr. von Thrasybulos eingenommen wurde. Vom Khan von Casa steigt die Landstrasse im Zickzack zum Gipfel des Kithaeron empor, der mit Fichten bewachsen ist, woher sein jetziger Name Elatia. Dieser Berg ist der Schauplatz alter Legenden, unter denen die der Aussetzung des Oedipos die bekannteste ist. Der Weg geht in nördlicher Richtung in die grosse Ebene hinab, und nachdem er (1 St. 20 Min.) die Brücke über den Asopus überschritten hat, lässt er rechts das von diesem Flusse in Form eines Ellenbogens umgrenzte Feld, welches man mit der Stelle des befestigten Lagers des Mardonios für identisch hält. In 3 St. 30 Min. vom Khan von Casa erreicht man Theben. Die jetzige Stadt, die auf die Cadmeia beschränkt ist, ist jedenfalls der schmutzigste, garstigste Ort in Griechenland, und ich rathe den Reisenden angelegentlich, lieber ihr Nachtquartier in der elendesten Dorfscheune aufzuschlagen, als in dem sogenannten Hôtel in Theben.

Es ist in Theben nicht eine einzige Ruine von alten Bauwerken erhalten; aber einige Bruchstücke von alten marmornen Sculpturen, die wir hier und da in den Hauswänden sehen, sowie einige auf den Strassen herumliegende marmorne Säulentrommeln sind stumme Zeugen der einstigen Pracht und des einstigen Reichthums der Stadt. Ganz unerklärlich ist mir in Theben die geringfügige Aufhäufung alten Schutts, die nur an einer Stelle eine Tiefe von 10 Fuss zu haben scheint, im allgemeinen aber nur 2—3 Fuss beträgt. Auf andern alten Baustellen findet man doch wenigstens alte Terracotten, die einigen Werth für die Archäologie haben, aber nicht einmal Topfscherben, die ein fanatischer Alterthumsforscher aufnehmen würde, hat man hier gefunden, als vor einigen Jahren die neuen Strassen angelegt wurden und man dabei durch den Schutt bis auf den Felsen grub. Wenn jedoch die Schuttaufhäufung schon in der Cadmeia nur ganz geringfügig ist, so ist sie ausserhalb derselben ganz und gar nichtig, und es ist daher unmöglich zu sagen, nach welcher oder welchen Seiten hin sich die untere Stadt von der obern ausgedehnt haben mag. Die alte Stadt hatte, zusammen mit der Cadmeia, 43 Stadien im Umfang; die Vorstädte mit ihren Gärten mit einbegriffen sogar 70 Stadien.[1] Homer[2] erwähnt nur die untere Stadt (ὑποθῆβαι), da die Cadmeia von den Epigonen zerstört und wahrscheinlich zur Zeit des Dichters noch nicht wieder aufgebaut war. Der Weg von Theben nach Lebadeia (4 St. 30 Min.) ist uninteressant; derselbe verlässt die Stadt auf der Nordwestseite, überschreitet einen Arm des Ismenos, geht dem Höhenrücken entlang, der die Ebene von Theben von der Ebene von Leuktra und Plataea trennt und führt durch die Tenerische Ebene (τὸ Τηνερικὸν Πεδίον), die sich zwischen den letzten Ausläufern des Helikon und des Sphingios, oder Phoinikios (jetzt Phaga genannt) ausdehnt, auf welchem die Sage von der Sphinx localisirt ist. Auf dem letzten Ausläufer des Sphingios sind einige Reste hellenischen Mauerwerks, die wahrscheinlich die Baustelle von Onchestos bezeichnen. Weiterhin zieht sich die Strasse am Rande der Sümpfe des Sees von Copais und am Fusse der Helikonkette entlang. Sie geht rechts an einem alten Thurm, darauf am Dorfe Mulki vorbei, passirt den Bach Kephalari und darauf die Baustelle von Haliartos, einer der Städte des böotischen Bundes.

---

[1] Bursian, Geographie von Griechenland (Leipzig 1862), I, 225.
[2] Ilias II, 505.

Haliartos wurde von Xerxes zerstört; es wurde jedoch wieder aufgebaut und zu den vornehmsten Städten Böotiens gerechnet. Zur Zeit Strabo's und des Pausanias lag die Stadt in Ruinen. Ihre Baustelle ist auf einer Bergfläche, die sich kaum mehr als 50 Fuss über den See von Copais erhebt; aber man sieht nichts mehr als eine halbzertrümmerte Mauer aus Polygonen, einige in den Felsen ausgehauene Gräber und Massen von behauenen Blöcken. Ich fand dort keine Schuttanhäufung und es sind daher dort keine Ausgrabungen zu machen. Ein kleiner Bach, der an der Nordseite des Felsens hervorsprudelt, läuft in die Sümpfe des Sees von Copais. Weiterhin geht der Weg beim Khan von Siakho, und darauf bei den Ruinen von Koronea vorbei, die auf einer Anhöhe, in geringer Entfernung zur Linken, liegenbleiben. Darauf läuft die Strasse am Fusse des Berges Laphistion, am Rande grosser Sümpfe entlang, bis sie endlich die fruchtbare Ebene von Lebadeia und die Stadt selbst erreicht. Nach Pausanias war letztere vom Athener Lebados, unterhalb der homerischen Stadt Mideia, erbaut, von welcher noch einige unbedeutende Ruinen übrig zu sein scheinen. Das jetzige Lebadeia ist jedoch nicht mit dem Lebadeia der classischen Zeit identisch, deren Baustelle von dem alleinstehenden Hügel bezeichnet wird, welchen man an dem Punkte sieht, wo der Fluss Herkyna das Thal erreicht. Diese Stadt war durch das Orakel des Trophonios berühmt, welches von Kroisos und Mardonios befragt wurde, und welches noch zur Zeit des Pausanias und Plutarch in hohem Rufe stand. Die jetzige Stadt hat eine malerische Lage, am Fusse eines steilen Felsens, auf dem man die Ruinen einer Festung aus dem Mittelalter sieht, und am Eingange einer wilden Bergschlucht, aus welcher der Fluss Herkyna hervorströmt. Beim Eintritt in die Felsschlucht sieht man gleich rechts in dem senkrecht abfallenden Felsen zahlreiche Spuren vom Orakel des Trophonios, so z. B. eine grosse Zahl grösserer oder kleinerer Nischen, auch einen in den Felsen

ausgehauenen kubischen Raum, der nach allen Richtungen
10 Fuss misst; die Decke zeigt eine schwache Wölbung; rechts
und links sind Bänke im Felsen ausgehauen und man sieht
deutliche Spuren davon, dass dieses Gemach einst durch eine Thür
verschlossen wurde; an beiden Seiten desselben sind Nischen,
die für die Weihgeschenke gedient haben müssen. Dieses Gemach
ist in einer Höhe von ungefähr 6 Fuss über dem Boden im
senkrechten Felsen ausgeschnitten. Auch ist dort ein 3 Fuss
4 Zoll breiter, 2 Fuss 2 Zoll hoher Gang, welcher, wie man
sagt, zu einem eine Cisterne enthaltenden innern Gemach führt,
welches an der entgegengesetzten Seite eine Thür hat. Dies kann
jedoch kaum der wirkliche Eingang zum Orakel sein, welcher,
nach der Beschreibung des Pausanias[1] und nach aller Vermuthung, innerhalb der untern Mauern der mittelalterlichen
Festung zu suchen ist, nämlich auf dem Gipfel desselben Felsens, in welchem man die Nischen und den kubischen Raum
sieht; die Schuttaufhäufung scheint dort circa 20 Fuss Tiefe zu
haben und ist daher die Ausgrabung leicht.

Mein geehrter Freund, Professor A. H. Sayce von Oxford,
der mich im April d. J. nach Orchomenos begleitete und mir
dort bei meinen Arbeiten half, machte mich auf einen sehr lauten,
dem Geschrei einer Art von Vögeln nicht unähnlichen Klang
aufmerksam, den man alle ein oder zwei Minuten wiederholt,
auf zwei verschiedenen Stellen in der engen Felsschlucht, ungefähr 150 Schritt oberhalb des Orakels des Trophonios hört,
und er fragte mich, ob nicht diese Töne etwas mit dem Orakel
zu thun gehabt haben möchten. Sie können nur dadurch ver-
ursacht sein, dass etwas vom Wasser des Herkyna durch unter-
irdische Kanäle läuft; dann aber ist es unbegreiflich, wie der
sonderbare Klang auf zwei verschiedenen Stellen genau derselbe
sein kann. Diese Schlucht enthält mehrere natürliche Höhlen

---

[1] Pausanias IX, 39.

und ihr Anblick ist so auffallend, geheimnissvoll und furcht-
einflössend, dass ich sie nur mit der Felsschlucht auf dem Kyl-
lene in Arkadien vergleichen kann, an deren Ende der Styx
hervorquillt.

Oberhalb der Schlucht, zur Linken, sehen wir in dem
senkrecht abfallenden Felsen eine grosse Höhle, die eine Kapelle enthält, und zu welcher kein anderer Zugang ist, als mit-
tels einer kleinen Plattform, die an starken Ketten befestigt ist
und auf- und abgezogen wird.

Höchst merkwürdig sind die Marmorbrüche in und oberhalb Lebadeia, in welchen aller Marmor für die alten Bauten
in Orchomenos, und wahrscheinlich auch für die in Cheroneia
und andern Nachbarstädten gebrochen wurde. Unter dem zer-
setzenden Einfluss der Luft hat dieser Marmor eine weissliche
Farbe; wenn man aber ein Stück davon abschlägt, so sieht man,
dass der Bruch eine schwärzliche Farbe hat.

Unter der Türkenherrschaft war Lebadeia die blühendste
Stadt in Nordgriechenland und hatte 1500 Häuser. Seit Anfang des Freiheitskrieges hat es sehr verloren und man sieht dort
viele Häuser in Trümmern liegen; immerhin aber ist es noch
eine Stadt von 5000 Einwohnern und macht den Eindruck von
Wohlhabenheit und Reinlichkeit. Nachtquartier findet man in
dem Khan, aber der Polizeimeister, Herr Lukides, erlaubt niemals den Fremden anderswo als in seinem gastlichen Hause ab-
zusteigen. Ich statte hier diesem Herrn meinen wärmsten Dank
ab für alle die uneigennützigen Dienste, die er mir während
der Zeit meiner Ausgrabungen in Orchomenos, zu Ende 1880
und Anfang 1881, geleistet hat.

Die Entfernung von Lebadeia nach Orchomenos kann in
gerader Linie nicht mehr als 4 engl. Meilen betragen; infolge
der vielen Windungen des Wegs aber ist sie beinahe 7 engl.
Meilen. Der Reisende muss diese Strecke zu Pferde zurücklegen,
denn die Chaussee von Lebadeia nach Lamia kann nur bis zur

Hälfte des Wegs nach Orchomenos benutzt werden. Die Chaussee verlässt Lebadeia an der Nordseite, geht (15 Min.) über den Herkyna und wendet sich dann östlich zwischen dem Berg Thurium und dem Fluss, der in südöstlicher Richtung läuft. Beim letzten Ausläufer des Thurium angekommen (1 St.), verlässt man die Fahrstrasse und reitet auf einem Fusssteig im Zickzack über die sumpfigen Felder, indem man wenigstens ein Dutzend ganz schmale hölzerne Brücken passirt und zu seiner Linken die Dörfer Rhomaico und Arapokhori liegenlässt. Bei ersterm sieht man in einiger Entfernung nach Nordwesten einen kegelförmigen Tumulus und passirt nahe beim Dorfe Skripu einen zweiten. Beide Hügel, die den sogenannten Heldengräbern der Troas vollkommen ähnlich sind, werden hier Magula genannt, welches Wort ich für eine Corruption des russischen Wortes für Grab „mogila" hielt, um so mehr als das o wie a ausgesprochen wird. Aber Herr Panagiotes Eustratiades, der Generaldirector der Alterthümer in Griechenland, theilt mir mit, dass Magula ein albanesisches Wort, mit der Bedeutung „Frauenbrust" ist, und er glaubt daher, dass die Gräber ihren Namen ihrer frauenbrustähnlichen Form verdanken. Martin Leake [1] hält den kegelförmigen Hügel bei Skripu für ein von Sylla errichtetes Denkmal seines Sieges über das Heer des Mithridates unter Archelaos. Endlich (1 St. 25 Min.) überschreitet man den Kephissos auf einer langen Steinbrücke von türkischem Mauerwerk und kommt in das schmutzige Dorf Skripu, wo der Reisende auf einen oder zwei Tage Aufnahme findet im Kloster der Gottesmutter (τῆς Θεοτόκου), dessen frommer und gastfreundlicher Abt (ἡγούμενος) Pater Theodosios ist.

---

[1] Travels in Northern Greece, II, 143.

II.

Orchomenos.

Skripu, welches circa 110 Häuser hat, ist theilweise auf dem
felsigen Fusse des südlichen Ausläufers des Hypantheion gebaut,
welcher nichts anderes ist als der Westnordwestabhang des Akontion; theils liegt das Dorf auf der Seite des Flusses in der Ebene,
da wo derselbe, nachdem er am südlichen Fusse des Akontion
entlang geflossen ist, seinen Lauf von Osten nach Nordosten
wendet, um darauf nördlich in die Sümpfe des Sees von Copais
zu strömen. Aehnlich andern griechischen Städten war Orchomenos auf dem dreieckigen Abhange eines steilen Berges (des
Hypantheion), da wo sich dieser aus der Ebene erhebt, gebaut,
und es besass daher, wie Leake[1] bemerkt, in hervorragender
Weise jene Vortheile der Lage, welche die griechischen In-
genieure besonders im Auge hatten, indem es auf allen Seiten
durch Abgründe, Flüsse und Sümpfe befestigt war. Der Hypantheion erreicht in westnordwestlicher Richtung, und gerade dem
Akontion gegenüber, seinen höchsten Punkt, welcher in einem
etwa 120 Fuss im Durchmesser habenden und beinahe runden
Felsen besteht. Auf diesem Felsen stand die aus grossen, wohlbehauenen Blöcken erbaute Akropolis, wovon die meisten Mauern

---

[1] Travels in Northern Greece, II, 145.

mehr oder weniger gut erhalten sind. An der nördlichen Ecke ist ein zerfallener Thurm, und man erkennt die Ueberreste einer Vertheidigungsmauer jenseits eines Laufgrabens, der im Felsen ausgehauen ist und mit der Nordwestseite parallel läuft. Der Zugang zu dieser Akropolis ist auf einer schräg in den Felsen gehauenen 6 Fuss breiten Treppe von 44 Stufen, und darauf auf einer andern gleicher Breite von 50 Stufen. Alle Steine dieser Akropolis tragen die deutlichsten Kennzeichen davon, dass sie mit eisernen Spitzhämmern abgesplittert sind. Dieser Umstand, sowie die ganze Art des Baues lässt, wie ich glaube, nicht die Vermuthung zu, dass die kleine Festung vor der makedonischen Periode errichtet sein könne, und dies ist auch Professor Sayce's Meinung. In der That scheint es nicht, als ob sich das alte Minyeische Orchomenos so weit ausgedehnt habe, denn in dem ganzen Bau konnten wir nicht einen einzigen Stein erkennen, der auf ein hohes Alterthum Anspruch machen könnte. Wie aus dem angefügten Plan Nr. III ersichtlich ist, hat diese Akropolis nur einen kleinen schmalen Zugang zwischen Festungsmauern, die auf die letzten 200 Schritt beinahe parallel sind und nicht mehr als 20—30 Schritt voneinanderstehen; diese Mauern, die ziemlich gut erhalten sind, bestehen aus wohlzusammengefügten Polygonen. Da aber auch diese letztern die deutlichsten Merkmale haben, dass sie mit eisernen Spitzhämmern abgesplittert sind, so können wir ihnen ebenfalls kein höheres Alter zugestehen als das der Akropolis, um so weniger als sie ohne letztere nicht vorhanden sein würden. Wenn man sie aus Polygonen erbaute, so geschah es wahrscheinlich nur, um sie dadurch fester und solider zu machen.

In diesen Mauern erkennt man mehrere Thore und Thüren; von erstern ist das eine grösser als die übrigen und hat einen Thurm hinter sich. Die Fortsetzung der südlichen Mauer, die Leake fast ohne Unterbrechung ³/₄ engl. Meile weit verfolgen konnte, ist jetzt verschwunden; Professor Sayce konnte nur einzelne Spuren derselben auffinden. Es ist ihm dagegen geglückt, die Fortsetzung der nördlichen Mauer auf eine Strecke von $1/_2$ engl. Meile aufzufinden; dieselbe war mit Thürmen versehen, von denen jedoch nur noch ein Theil der Fundamente erhalten ist. Der eine dieser Thürme ist besonders bemerkenswerth, denn derselbe befindet sich gerade unterhalb der von mir theilweise ausgegrabenen Mauer, die von Norden nach Süden über den Hypantheion geht (vgl. Plan III) und welche auf der Westseite die Festungsmauer des minyeischen Orchomenos gewesen zu sein scheint. Dies ist um so wahrscheinlicher, als man auf der Westseite dieser Mauer einen Graben erkennt, den man auf eine Strecke weit verfolgen kann. Etwas weiter westlich von dem vorerwähnten Thurm ist eine circa 60 Fuss tiefe, senkrechte Höhle, von deren Fusse die eine Quelle des Melas hervorsprudelt (vgl. Plan III). Dieser Fluss wird jetzt Mavropotami genannt, und hat diesen Namen ohne Zweifel von der dunkeln Farbe seines klaren Wassers. Oberhalb der Höhle ist der Fels künstlich geebnet, augenscheinlich um dort ein Gebäude zu errichten, und wir vermuthen, dass hier einst der Tempel des Herakles stand, denn nach Pausanias stand derselbe: „bei den Quellen des Melas, der hier einen See bildet und sich in den Kephissos ergiesst".[1] Zwar fügt Pausanias hinzu, dass sich der Tempel des Herakles in einer Entfernung von 7 Stadien von Orchomenos befindet, dies ist jedoch im Widerspruch mit seiner Angabe, dass er bei den Quellen des Melas steht, auch im Widerspruch mit Plutarch, der im „Leben des Sylla" sagt, dass der Melas unterhalb Orchomenos hervorströmt.

Die Stadtmauer an der Südwest-, Süd- und Ostseite, die Leake noch im Anfang unsers Jahrhunderts sah, ist spurlos verschwunden. Die Ueberreste einer grossen Brücke aus grossen roh behauenen Blöcken sieht man am Ufer des Kephissos in

---

[1] Pausanias IX, 38.

gerader Linie südlich von der alten Stadt. Strabo [1] bemerkt,
dass man vermuthete, das Orchomenos seiner Zeit stände nicht
auf der Baustelle der alten Stadt, da die Ueberschwemmungen
des Sees die Einwohner gezwungen hätten, sich von der Ebene
nach dem Akontion zurückzuziehen. Diese Meinung scheint
jedenfalls durch die Lage der Schatzkammer, ausserhalb der
noch von Leake gesehenen Stadtmauer, bestärkt zu werden, denn
unmöglich können wir annehmen, dass Minyas sie so gebaut
haben könnte. Es ist daher sehr wahrscheinlich, dass die alte
Stadt zur Zeit seiner Grossmacht sich bis zum Ufer des Kephissos ausgedehnt haben mag, um so mehr als das ungefähr
auf der Hälfte des Wegs zwischen der Schatzkammer und dem
Kephissos befindliche Kloster von Skripu genau auf der Baustelle des Charitentempels steht, denn der diesen Göttinnen ge-
weihte marmorne Dreifuss, den man in der Klosterkirche sieht,
wurde in einer dort gemachten Ausgrabung gefunden. Dieser
Tempel war aus grossen behauenen Blöcken aus Sandstein gebaut, und er scheint zerstört worden zu sein, um die Steine
zum Bau des Klosters zu benutzen, in dessen Mauern, und
namentlich in denen der Kirche, man die verschiedensten Arten
des Tempelbaumaterials sieht, nämlich Thürschwellen, Basen von
Säulen und eine sehr grosse Masse von Säulentrommeln — alles
aus Sandstein. Nach Pausanias war der Charitentempel sehr
alt und war der Cultus dieser Göttinnen eingesetzt von Eteokles,
dem Sohne des Andreus, oder des Kephissos, welchem sie als
formlose Felsstücke vom Himmel gefallen waren. Pausanias
fügt hinzu, dass künstlich gearbeitete Statuen der Chariten
erst zu seiner Zeit aufgestellt wurden, und dass die Idole
dieser Göttinnen, in Gestalt jener rohen Steine, die höchste Ver-
ehrung hatten. [2] Der Gedanke kommt nun unwillkürlich in uns

---

[1] Strabo IX, 416.
[2] Pausanias IX, 34 und 38.

auf: dass jene vom Himmel gefallenen rohen Steine Meteorsteine
sein möchten. Zu Ehren der Chariten wurden die Charitesiae
gefeiert, Wettkämpfe von Sängern und Dichtern, zu denen alles
aus Griechenland, Kleinasien und Grossgriechenland zusammen-
strömte. [1]

Die erste Erwähnung von Orchomenos finden wir in der
Ilias, wo Achilles die Anerbietungen des Königs des gold-
reichen Mykenae verwirft: „Selbst böte er mir zehn- und zwanzig-
mal mehr als was er jetzt besitzt und was er noch erlangen
mag; selbst böte er mir alles Gold, welches in Orchomenos
oder im ägyptischen Theben in den Häusern aufgehäuft liegt."[2]

Die Stadt wird das Minyeische Orchomenos genannt, wegen
ihres Königs Minyas und dessen Sohn und Nachfolger Orchomenos.[3] Nach Pausanias war Minyas der Sohn des Chryses,
welcher Name aus χρυσός, Gold, entstanden und dem Vater
wegen des grossen Reichthums des Sohnes gegeben sein mag.
Pausanias fährt fort: „Minyas hatte so grosse Einkünfte, dass
er an Reichthum alle frühern Menschen übertraf; so viel wir
wissen war er der erste, der zur Aufbewahrung seiner Schätze
ein Schatzhaus baute. Nun haben aber die Hellenen eine starke
Sucht, das Ausländische mehr zu bewundern als das was sie im
eigenen Lande haben, wie denn gediegene Schriftsteller darauf
verfallen sind, eine sehr genaue Beschreibung der ägyptischen

---

[1] O. Müller, Orchomenos und die Minyer, S. 177—186; Clarke, Travels, II, 152.

[2] Ilias IX, 379—382:

οὐδ' εἴ μοι δεκάκις τε καὶ εἰκοσάκις τόσα δοίη,
ὅσσα τέ οἱ νῦν ἐστί, καὶ εἴ ποθεν ἄλλα γένοιτο·
οὐδ' ὅσ' ἐς Ὀρχομενὸν ποτινίσσεται, οὐδ' ὅσα Θήβας
Αἰγυπτίας, ὅθι πλεῖστα δόμοις ἐν κτήματα κεῖται.

[3] Ilias II, 511:

οἱ δ' Ἀσπληδόνα ναῖον ἰδ' Ὀρχομενὸν Μινύειον,

vgl. auch Pindar Ol. XIV, 4; Thucydides IV, 76, und Strabo IX, 414, welcher letztere die Tradition der einstigen Macht und des Reichthums von
Orchomenos bestätigt.

SCHLIEMANN, Orchomenos.   2

Pyramiden zu machen, während sie das Schatzhaus des Minyas
und die Mauern von Tiryns, die doch nicht weniger wunderbar
sind, keiner Silbe würdigen."[1] Weiterhin sagt Pausanias: „Das
Schatzhaus des Minyas, welches ein Wunderwerk ist und keinem
andern Gebäude in Griechenland oder anderswo nachsteht, hat
folgende Bauart. Es ist ein runder Bau aus Stein, der sich
oben etwas stumpf zuspitzt; man sagt, dass der oberste Stein
das ganze Gebäude zusammenhält."[2] Hieraus erhellt, dass zur
Zeit, als Pausanias Orchomenos besuchte[3], die Schatzkammer noch
unversehrt war. Dieselbe war in Form eines Bienenkorbes und
der sogenannten Schatzkammer des Atreus in Mykenae sehr ähnlich. Da sie halb zerstört und der erhaltene Theil tief unter
Erde und Schutt begraben, sodass nur der obere Theil des
Thores sichtbar war, so glaubten fast alle Besucher, dass sie
völlig zerstört sei mit Ausnahme des Thores, und so wird sie
z. B. im Itinéraire de l'Orient von Émile Isambert[4], sowie von
K. O. Müller[5] beschrieben, welcher letztere sagt: „Von dem

---

[1] Pausanias IX, 36: πρόσοδοι δὲ ἐγίνοντο τῷ Μινύᾳ τηλικαῦται μέγεθος
ὡς ὑπερβαλέσθαι τοὺς πρὸ αὐτοῦ πλούτῳ· θησαυρόν τε ἀνθρώπων ὧν ἴσμεν Μινύας
πρῶτος ἐς ὑποδοχὴν χρημάτων ᾠκοδομήσατο. Ἕλληνες δὲ ἄρα εἰσὶ δεινοὶ τὰ ὑπερ-
όρια ἐν θαύματι τίθεσθαι μείζονι ἢ τὰ οἰκεῖα, ὁπότε γε ἀνδράσιν ἐπιφανέσιν ἐς
συγγραφὴν πυραμίδας μὲν τὰς παρὰ Αἰγυπτίοις ἐπῆλθεν ἐξηγήσασθαι πρὸς τὸ
ἀκριβέστατον, θησαυρὸν δὲ τὸν Μινύου καὶ τὰ τείχη τὰ ἐν Τίρυνθι οὐδὲ ἐπὶ
βραχὺ ἤγαγον μνήμης, οὐδὲν ὄντα ἐλάττονος θαύματος.
[2] Pausanias IX, 38: θησαυρὸς δὲ ὁ Μινύου, θαῦμα ὄν τῶν ἐν Ἑλλάδι αὐτῇ
καὶ τῶν ἑτέρωθι οὐδενὸς ὕστερον, πεποίηται τρόπον τοιόνδε· λίθου μὲν εἴργασται,
σχῆμα δὲ περιφερές ἐστιν αὐτῷ, κορυφὴ δὲ οὐκ ἐς ἄγαν ὀξὺ ἀνηγμένη· τὸν δὲ
ἀνωτάτω τῶν λίθων φασὶν ἁρμονίαν παντὶ εἶναι τῷ οἰκοδομήματι.
[3] Es ist schwer festzustellen, wann Pausanias Orchomenos besuchte,
denn er lebte zur Zeit Hadrian's (vgl. I, 5) und der beiden Antoninen
(vgl. II, 27; VIII, 43; X, 34). Das letzte in seinem Werke vorkommende
Datum ist das Jahr 174 n. Chr., und finden wir dies, wenn wir die 217
Jahre, welche der Periegete vom Wiederaufbau Korinths bis zu seiner
Zeit als verflossen angibt, zum Jahr 44 v. Chr. oder 710 Roms, als Chro-
nologie jener Restauration, hinzurechnen.
[4] S. 181.
[5] Orchomenos und die Minyer, S. 235.

orchomenischen Schatzhause ist weiter nichts übrig, als ein breiter Marmorblock von zwei aufrechten Wänden getragen, sicher der Eingang des alten Baues." Auch scheint Leake[1] keine Idee von der Grösse der Ruinen der Schatzkammer gehabt zu haben, denn er sagt: „Einige Reste, welche ganz das Ansehen haben als gehörten sie zur Schatzkammer, sieht man östlich von der untern Mauer u. s. w." Zweimal jedoch sind Versuche gemacht worden dort auszugraben; das erste mal im Anfang unsers Jahrhunderts, wie Leake[2] sagt: „durch die von Lord Elgin angestellten Künstler, die jedoch durch die grossen Steinmassen, auf die sie stiessen und die sie nicht im Stande waren beiseite zu schaffen, abgeschreckt wurden die Arbeit fortzusetzen." Der zweite Versuch, die Schatzkammer auszugraben, wurde im Jahre 1862 vom damaligen Demarchen des Dorfes, Namens Gadakes, gemacht, der die Marmorblöcke zum Bau einer neuen Kirche zu benutzen beabsichtigte, obgleich Skripu bereits mit zwei Kirchen gesegnet war, deren jede gross genug ist, nicht nur alle Einwohner dieses Dorfes, sondern auch die des Nachbardorfes Petromagula aufzunehmen. Der fromme Mann hatte bereits den ganzen „dromos" zerstört und die Blöcke herausgenommen, wovon mehrere so gross waren, dass er aus jeder derselben eine Säule für die Kirche hauen lassen konnte. Er stand gerade im Begriff, das Thor der Schatzkammer niederzureissen, als glücklicherweise sein Vandalismus dem Minister für Volksaufklärung in Athen angezeigt wurde, der demselben Einhalt that.

Höchst sonderbar ist es, dass das Thor auf alle Besucher und sogar auf einen so ausgezeichneten Reisenden wie Leake[3] ist, den Eindruck gemacht hat, als sei es aus weissem Marmor.

---

[1] Travels in Northern Greece, II, 148.
[2] Ebendas., II, 148.
[3] Ebendas., II, 149.

Aufs Entschiedenste kann ich jedoch versichern, dass es, gleich-
wie alle übrigen Bautheile der Schatzkammer, aus dem dunklen
Marmor besteht, der, wie oben bemerkt, im Steinbruch von
Lebadeia gebrochen wird. Ich habe diese Schatzkammer, in
Gesellschaft meiner Frau, im November und December 1880 ausgegraben. Wir überzeugten uns gar bald, dass Lord Elgin's
Versuch sie auszugraben nur darum fehlgeschlagen war, weil
er die Arbeit vom Thore aus angefangen hatte, wo natürlich
die Schwierigkeit die Steine fortzuschaffen sehr gross sein musste.
Es ist daher nicht zu verwundern, dass seine Ausgrabung im
„dromos“, vor dem Schatzhause, nicht einmal bis zur Thorschwelle vorgedrungen war. Wir können uns jedoch beglück-
wünschen, dass ihm die Ausgrabung fehlgeschlagen ist, denn
die im Schatzhause enthaltenen Marmorblöcke müssen darin
bleiben und würde die Fortschaffung derselben ein grosser
Verlust für die Wissenschaft sein. Indem wir die Ausgrabung
systematisch von oben vornahmen und nicht früher damit an-
fingen, den Schutt durch das Thor fortzuschaffen, als bis wir
dasselbe bis zur Hälfte ans Licht gebracht hatten, hatten wir
durchaus keine Schwierigkeit mit den grossen Blöcken, die wir
nur einfach je nachdem es nöthig erschien von Stelle zu Stelle
wälzten, bis wir den Boden der Schatzkammer erreichten, auf
welchem wir sie in Gruppen auf ihre schmalen Seiten stellten,
sodass sie leicht zu überblicken sind und die freie Circulation
der Besucher nicht verhindern.

Wegen der Abschüssigkeit des auf- und niedersteigenden
Bodens, auf dem der Schutt fortgeschafft werden musste, konnte
ich weder Pferdekarren noch Schiebkarren anwenden, sondern
nur Körbe dazu gebrauchen, die von zwei Arbeitern getragen
werden. Meine Arbeitswerkzeuge bestanden aus eisernen Hebeln,
Spitzhacken, Schaufeln und sehr breiten Hacken, die zum Füllen
der Körbe ausgezeichnet sind. Ich beschäftigte 100—121 Ar-
beiter, wovon ungefähr die Hälfte Frauen waren, die voll-

kommen so gut arbeiten als die Männer, aber natürlich nur zum Tragen der Körbe zu gebrauchen sind. Ungefähr zwei Drittel meiner Leute waren Griechen, die übrigen Zigeuner, die hier Γύφτης, Γύφτισσα genannt werden. Sie sind alle griechische Christen, führen ein ansässiges Leben, haben die Gewohnheiten, Gebräuche und den Aberglauben des griechischen Bauernvolks angenommen und gehen auch manchmal mit diesem eheliche Bündnisse ein. Der Tagelohn ist 3 Drachmen (2 M.) für die Frauen und 4 Drachmen (2 M. 80 Pf.) für die Männer.

Die Anhäufung von Erde und Schutt war in der Schatzkammer durchschnittlich 30 Fuss tief. Dieselbe bestand aus einer circa 6 Fuss tiefen Humusschicht, auf die eine colossale Masse von grössern und kleinern Steinen folgte. Diese müssen auf der Aussenseite der horizontal und senkrecht gebogenen Blöcke gelegen haben, aus welchen das Gebäude bestand, und können keinen andern Zweck gehabt haben als den, durch ihren Seitendruck und ihr grosses Gewicht dieselben in ihrer Lage zu erhalten. Unterhalb dieser Steinschichten, welche herabgefallen sein müssen, als das Schatzhaus zerstört und die grossen Blöcke zum Bau anderer Gebäude oder zum Kalkbrennen herausgenommen wurden, fand ich 60—80 dieser grossen Blöcke, welche des Zerstörers Händen entschlüpft zu sein scheinen und wahrscheinlich nicht leicht wieder herausgenommen werden konnten. Unterhalb dieser grossen Blöcke fand ich aufeinanderfolgende Schichten von Asche und andern verbrannten Stoffen, die eine Tiefe von ungefähr 12 Fuss hatten und die Ueberbleibsel von Opfern sein mögen. Auf dem geebneten Boden der Schatzkammer fand ich eine grosse Masse von wohlgearbeiteten, viereckigen Marmorblöcken sowie marmornen Karniesen, die nichts mit dem eigentlichen Schatzhaus zu thun gehabt haben können und zu irgendeinem Monument — vielleicht einem kleinen Tempel — gehört haben müssen, welches einst darin stand. Die Karniese haben von 3 Fuss 7 Zoll Länge und 1 Fuss

7 Zoll Breite bis 3 Fuss 4 Zoll Länge und Breite. Alle haben an einer Seite, einige sogar an zwei Seiten, die Löcher der Bolzen, womit sie einst aneinander befestigt waren. Letztere sind aber so sorgfältig von den Zerstörern herausgezogen, dass keine Spur davon in irgendeinem der Löcher zu entdecken und es daher schwer ist, zu sagen, aus welchem Metall sie waren. Wahrscheinlich aber waren sie aus Eisen, denn ich fand auf dem Boden des Schatzhauses zwei verrostete Stücke Eisen, deren Form kaum einen Zweifel übriglässt, dass sie als Bolzen zum Befestigen der Marmorblöcke dienten. Wenn nun dem so ist, so kann das Monument im Schatzhause wol schwerlich ein höheres Alter beanspruchen als die makedonische Zeit. Auf diese Periode schliesse ich auch nach einer sonderbar sculptirten Marmorplatte, die 2 Fuss 6 Zoll hoch, 2 Fuss 10½ Zoll breit und 7 Zoll dick ist, wovon ich hier als Fig. 1 eine von Herrn Professor E. Ziller in Athen gefertigte Zeichnung gebe. Höchst merkwürdig ist das Ornament in Form von Vögeln in Hochrelief, am obern Theil der Platte. Ungefähr derselben Zeitperiode scheint eine verstümmelte drapirte weibliche Statue aus weissem Marmor anzugehören, von der die Arme, die Füsse und der Kopf fehlen; sie ist 3 Fuss lang, 2 Fuss breit, 1 Fuss 6 Zoll dick. Auch deckte ich unterhalb der verbrannten Schichten, auf dem Boden stehend, eine Art von Altar aus dunkelm Marmor auf, der 1 Fuss 11½ Zoll breit und lang und 1 Fuss 11 Zoll hoch ist, und auf der obern Seite eine 1 Fuss 8½ Zoll lange und breite und ⁴/₅ Zoll tiefe viereckige Höhlung hat. Auch fand ich dort unterhalb der verbrannten Masse einige marmorne Piedestale, wovon eins 2 Fuss 6 Zoll lang und breit und 1 Fuss 11 Zoll dick ist; dieses hat an der obern Seite Löcher zur Befestigung von Gegenständen, die wahrscheinlich aus Bronze sein mussten. Auf einem andern Piedestal sehen wir Fussmarken und muss daher wenigstens dieses als Basis einer Statue gedient haben. Es kamen dort auch zwei kleine

23

marmorne Säulen vor, beide 7 Zoll hoch und 5 Zoll dick, wovon die eine der Säule ähnlich sieht, die wir in Basrelief zwischen den beiden Löwen oberhalb des Thores der Akropolis von Mykenae sehen. Ich erwähne weiter einen Pferdehuf von Marmor, vielleicht ein Weihgeschenk; ein ionisches

Fig. 1. Marmorplatte mit vogelartiger Ornamentation in Hochrelief.
Massstab 1 : 10.

Säulenkapitäl; mehrere dünne Platten von zersetztem Marmor, mit einem Ornament von eingeschnittenen Spiralen; die eine dieser Platten ist 2 Fuss 4 Zoll lang, 1 Fuss 8 Zoll breit; eine Hand und ein Fuss mit der Sandale von weissem Marmor, augenscheinlich von Statuen abgebrochen; auch eine auf der linken Seite abgebrochene Marmorplatte mit der Inschrift:

ΕΙΩΗΡΗΤΕΛΕΙΑ, die Professor Sayce für das Ende eines Hexameters hält. Ich fand dort weiter eine Purpurschnecke (*Murex*), mehrere Handmühlsteine von Trachyt, wovon der eine mit eingeschnittenen sich kreuzenden Linien versehen ist; ferner einige Astragalen, Eberzähne, Wirtel von Steatit oder Terracotta; grössere Scheiben von wenig gebranntem Thon, die auf beiden Seiten mit einem eingepressten Baum decorirt sind; einen gläsernen Vasendeckel aus römischer Zeit, mit einem Knopf; ferner eine Menge bronzener Nägel, womit die bronzenen Platten an den Wänden der Schatzkammer befestigt gewesen sind, sowie mehrere Bruchstücke von Blöcken der Wände, die noch die Nägel enthielten. Auch fand ich in der Schatzkammer Massen von aus der Hand gefertigter oder auf der Scheibe gedrehter monochromer vorhistorischer Topfwaare, durcheinandergemischt mit bemalter, ähnlich der mykenischen, sowie mit hellenischer und sogar römischer, Topfwaare. Das Vorhandensein der letztern erklärt sich sehr leicht, denn augenscheinlich ist die Schatzkammer in makedonischer Zeit offen gewesen und jedenfalls auch in römischer Zeit. Die vorhistorische Topfwaare dagegen, von der ich später zu sprechen haben werde, war wahrscheinlich in dem Schutt enthalten, womit die Schatzkammer von aussen bedeckt war, um unterirdisch zu erscheinen, und fiel daher bei der Zerstörung des Gebäudes hinein.

Aehnlich der sogenannten Schatzkammer des Atreus in Mykenae besteht die orchomenische aus regelmässigen horizontalen Reihen von Blöcken. In den acht untersten Reihen ist noch jeder Block an seiner Stelle; von der neunten Reihe blieben nur noch 8 Blöcke *in situ*, und ebensoviel von der zehnten, während man von der elften nur noch 4 und von der zwölften 3 an ihrer Stelle sieht. Alle diese Blöcke sind von demselben dunkeln Marmor wie das Thor. Die Schatzkammer ruht auf dem wohlgeebneten harten Kalkfels und ist nach Süden, mit einer kleinen Neigung nach Osten gerichtet. Wie aus beifolgendem Plan Nr. IV ersichtlich, hat sie 13,84 m = 46 Fuss 1½ Zoll im Durchmesser von Süden nach Norden und 14,05 m = 46 Fuss 10 Zoll von Südwesten nach Nordosten und von Westen nach Osten. Sie ist daher nur drei Fuss und einige Zoll kleiner als das Schatzhaus des Atreus in Mykenae, welches 50 Fuss im Durchmesser hat. In den beiden untersten Reihen sind die Blöcke im allgemeinen grösser als in den nachfolgenden. Ein Block, den ich in der untersten Reihe mass, hatte 5 Fuss 2 Zoll Länge, 1 Fuss 10½ Zoll Dicke; ein anderer 4 Fuss 2 Zoll Länge, 1 Fuss 10 Zoll Dicke; in der zweiten Reihe fand ich einen Block 5 Fuss 8 Zoll lang, 1 Fuss 10 Zoll dick; in der dritten einen 3 Fuss 7 Zoll lang, 1 Fuss 8½ Zoll dick; in der vierten einen 5 Fuss 4 Zoll lang, 1 Fuss 4 Zoll dick; in der fünften einen 3 Fuss 2½ Zoll lang, 1 Fuss 4 Zoll dick; in der sechsten einen 2 Fuss 11 Zoll lang, 1 Fuss 5 Zoll dick; in der siebenten einen 1 Fuss 10 Zoll lang, 1 Fuss 5 Zoll dick; in der achten einen 3 Fuss 3 Zoll lang, 1 Fuss 4 Zoll dick; einen andern 3 Fuss 9 Zoll lang, 1 Fuss 4 Zoll dick.

Es ist eine sehr merkwürdige Thatsache, dass von der fünften Steinreihe (inclusive) aufwärts, gleichwie in der genannten mykenischen Schatzkammer, jeder Stein ein Loch mit Resten eines bronzenen Nagels hat. Nur macht die achte Steinreihe eine Ausnahme, denn hier hat jeder Block eine concave Höhlung von 2—2½ Zoll im Durchmesser und ½ Zoll Tiefe, in deren Mittelpunkt stets ein Loch mit den Resten eines bronzenen Nagels ist.

Die Höhe des Thores ist 5,51 m = 18 Fuss 4½ Zoll, seine Breite in der Oeffnung ist oben 2,47 m = 8 Fuss 2¾ Zoll, unten 2,71 m = 9 Fuss ⅖ Zoll. Es hat folglich ungefähr dieselben Dimensionen wie das Thor der Schatzkammer des Atreus, dessen Höhe 18 Fuss und dessen Breite oben 8 Fuss 6 Zoll, unten 9 Fuss 2 Zoll ist. Das orchomenische Schatzhausthor ist von einem wohlbehauenen und polirten Marmorblock von 5 m = 16 Fuss 8 Zoll

Länge, 2,22 m — 7 Fuss 5 Zoll Breite und 96 ½ cm = 3 Fuss 2 ¼ Zoll
Dicke überspannt, der somit ausser Verhältniss klein ist im Vergleich
zu den das Thor der mykenischen Schatzkammer überspannenden
Blöcken, von denen der eine 27 ½ bis 29 Fuss lang und 17 Fuss
breit ist und auf ein Gewicht von 300000 engl. Pfund berechnet
wird.[1] Ich mache aufmerksam auf die concave oder eher ovale
Höhlung, die man auf der Aussenseite in den beiden obern
Enden des Blockes sieht, der das Thor der mykenischen Schatzkammer überspannt. Da die Kanten abgebrochen sind, so
scheint es fast, als hätten diese in Form von Hörnern hervor-
gestanden. Ohne Zweifel waren hier oberhalb des Thores,
gleichwie in der Schatzkammer zu Mykenae, die Reihen der
Blöcke so gelegt, dass sie eine dreieckige Nische bildeten, deren
Zweck es war, das Gewicht zu beseitigen, welches sonst auf
dem die Thoröffnung überspannenden Block gelastet hätte.
Diese Nische ist jedoch gleichzeitig mit dem Mauerwerk, von
dem sie gebildet wurde, verschwunden.

Sehr merkwürdig ist die Thorschwelle, die 9 Fuss ²/₅ Zoll
lang, 3 Fuss ³/₅ Zoll breit ist, und aus zwei wohlpolirten auf-
einandergelegten Platten besteht. Ich gebe unter Fig. VI eine
Zeichnung dieser Schwelle in Grösse von 1 : 50 und mache aufmerksam auf die sonderbare Form der Höhlungen und Löcher
für die Thürangeln, welche beweisen, dass doppelte Flügelthüren
dagewesen sind, welche, wie die Kleinheit der Löcher zu beweisen scheint, wahrscheinlich von Bronze waren; sie erinnern
uns somit an einen von Hormuzd Rassam in Balawât entdeck-
ten assyrischen Tempel. Der Eingang zur Schatzkammer ist
5,29 m = 17 Fuss 8 Zoll lang und die grossen Flügelthüren
waren ungefähr in der Mitte, da die Thorschwelle 6 Fuss
9 Zoll vom innern und 7 Fuss 10 Zoll vom äussern Ende des
Eingangs entfernt ist. An diesem letztern Punkte fing der

---

[1] Vgl. mein „Mykenae", Tafel IV.

eigentliche Dromos an, welcher, wie bereits bemerkt, im Jahre 1862 vom Demarchen von Skripu zerstört ist. Die Vernichtung war so gründlich, dass, wenn der gute Mann nicht auf der Ostseite am Eingange einen Stein herauszunehmen vergessen hätte, es unmöglich sein würde, die Breite des Dromos zu bestimmen. Jener Stein zeigt uns jedoch, dass seine Breite 18 Fuss betrug. Von der Schwelle erstreckt sich der geebnete Fels noch 21 Fuss weit, mit geringer Neigung, in den Dromos und fällt dann plötzlich schroff ab. An diesem Punkte muss daher das Pflaster des Dromos angefangen haben. Indem ich den Dromos auf eine Strecke von circa 100 Fuss aufgrub, stiess ich auf der Hälfte dieser Entfernung auf eine Menge von Marmorblöcken, die zum Pflaster des Dromos gehört zu haben und dort vom Demarchen zurückgelassen zu sein scheinen.

Beinahe im Mittelpunkt der Schatzkammer sehen wir im geebneten Felsen ein 9 Zoll tiefes, 15 Zoll breites und 19 Zoll langes Loch, welches zur Befestigung irgendeines Monuments gedient haben mag. Unter den vielen in der Schatzkammer gefundenen interessanten Marmorblöcken ist einer, auf den ich ganz speciell aufmerksam mache, denn nach der besondern Art seiner Wölbung und seiner Bearbeitung, sowie nach einem darin ersichtlichen runden Loch von beinahe drei Zoll im Durchmesser zu urtheilen, scheint es der vorhin erwähnte obere oder Schlussstein gewesen zu sein, der, wie Pausanias sagt, das ganze Gebäude zusammenhielt. Ich habe ihn gleich rechts neben dem Eingang in die Schatzkammer aufgestellt.

Reisende, die Orchomenos und Mykenae besucht haben, können sich nicht die Bewunderung des Pausanias über das Schatzhaus des einen, und sein Stillschweigen hinsichtlich das des andern erklären, denn der Marmor allein, woraus das orchomenische Schatzhaus gebaut ist, konnte ihn natürlich nicht veranlassen zu versichern, dass es weder in Griechenland noch anderswo etwas Wunderbareres gäbe, und es mit den

Mauern von Tiryns und den Pyramiden von Aegypten zu vergleichen.

Man hat vermuthet, so z. B. Leake[1]: „dass die Extravaganz dieser letztern Vergleichung durch die erstere auf ein vernünftiges Niveau gebracht wird und bei Pausanias aufgekommen sein mag durch eine Eigenthümlichkeit der orchomenischen Schatzkammer, wodurch sich ·diese von der zu Mykenae unterschied; nämlich, dass erstere nicht wie letztere unterirdisch war, und dass folglich ihre äussere Form der der ägyptischen Pyramiden glich. Ein unterirdischer Bau dieser Art, in dem Abhange eines Hügels wie in Mykenae, bot, von aussen gesehen, wenig mehr dar als einen in einem Thor endigenden Eingang in den Hügel; wogegen die Beschreibung der Schatzkammer des Minyas, die sich zu einer etwas stumpfen Spitze erhebt, augenscheinlich anzudeuten scheint, dass sie nicht unter der Erde verborgen war.“ Aber diese von Leake und andern aufgestellten Vermuthungen sind durchaus irrig, denn wie alle Besucher sich mit ihren eigenen Augen überzeugen können, sind alle Marmorblöcke der Schatzkammer des Minyas an fünf Seiten wohlbearbeitet und polirt, und ist die einzige nicht bearbeitete und ganz roh gelassene Seite die Aussenseite. Dieser Umstand scheint schon an sich ein hinlänglicher Beweis zu sein, dass diese Schatzkammer, gleichwie ihre Brüder in Mykenae, bestimmt war, unterirdisch zu sein. Dies wird ferner bewiesen durch die Massen von Steinen an der Aussenseite des Mauerwerks, die, wie oben auseinandergesetzt, dort zu keinem andern Zwecke aufgehäuft sein konnten als dazu, durch ihr schweres Gewicht alle Steine der kreisförmigen Reihen des Mauerwerks in ihrer Lage zu erhalten. Das Princip dieser Architektur ist das einer bogenförmigen Mauer, welche ein grosses auf ihr lastendes Gewicht trägt und

---

[1] Travels in Northern Greece, II, 150.

ihre Stärke und ihren Zusammenhang durch dieses Gewicht selbst erhält.

Meine merkwürdigste Entdeckung war die eines Thalamos in der Schatzkammer und an dessen Ostseite. Der Zugang zu demselben wird von einem 9 Fuss 4 Zoll langen, 7 Fuss 2 Zoll hohen und 5 Fuss breiten Corridor gebildet, dem eine Thür vorangeht, wovon ich in Fig. Nr. V eine Abbildung gebe. Diese Thür, die 6 Fuss 3$\frac{3}{4}$ Zoll hoch, oben 3 Fuss 8 Zoll, unten 3 Fuss 11 Zoll breit ist, wird von den vier untern Steinreihen des Mauerwerks gebildet. Ihre Schwelle, wovon ich unter Nr. VII eine Skizze gebe, ist 1 Fuss 3$\frac{1}{2}$ Zoll breit; sie hat rechts auf der innern Seite einen fast 5 Zoll breiten und 18$\frac{1}{2}$ Zoll langen Vorsprung, mit einem runden, 1$\frac{1}{2}$ Zoll tiefen und 4 Zoll im Durchmesser habenden Loch für die Thürangel. In derselben Richtung sehen wir in dem obern Block der Thür ein 4 Zoll tiefes Loch von 3 Zoll im Durchmesser. An jeder Seite finden wir in der Thürschwelle drei viereckige Vertiefungen; die innerste ist 2 Zoll tief, 4$\frac{2}{5}$ Zoll lang, 2$\frac{1}{2}$ Zoll breit; die zweite ist 1$\frac{1}{2}$ Zoll tief, 4$\frac{2}{5}$ Zoll lang, 2$\frac{1}{2}$ Zoll breit; die dritte 1 Zoll tief, 5$\frac{1}{2}$ Zoll lang und 4$\frac{1}{2}$ breit. An der rechten Seite der Thür ist ein viereckiges Loch, 2 Zoll tief, 3 Zoll lang, 1$\frac{1}{5}$ Zoll breit. Wir sehen an der rechten Seite ferner ein 5 Zoll breites, 5 Fuss 10 Zoll langes Linearornament. Dasselbe ist auch auf der linken Seite wiederholt, aber hier künstlicher gearbeitet und von circa 30 concaven Höhlungen von circa $\frac{1}{2}$ Zoll Tiefe durchschnitten, die ohne Zweifel einst mit Bronze gefüllt waren. Der auf der Thüröffnung ruhende Marmorblock ist 9 Fuss lang, 2 Fuss 4 Zoll dick; auf demselben lag einst ein zweiter Block, wovon noch ein kleiner Theil erhalten ist. Ersterer hat drei Reihen von Löchern, die manchmal einzeln, manchmal in Gruppen von vier, manchmal im Mittelpunkte von concaven Höhlungen stehen; in fast allen diesen Löchern sehen wir Reste von bronzenen

Nägeln. Auf gleiche Weise sehen wir, wie es auch unsere Zeichnung Nr. V bekundet, an jeder Seite der Thür drei Reihen solcher Löcher. Ohne Zweifel dienten alle bronzenen Nägel, die wir von der fünften Reihe (inclusive) an in den Steinen sehen, dazu, die bronzenen Platten zu halten, womit einst das ganze Innere der Schatzkammer geschmückt war. In der That haben wir das Zeugniss der alten Schriftsteller, dass die Griechen im hohen Alterthum ihre Häuser auf diese Weise schmückten, denn auf keine andere Weise können wir uns die von ihnen erwähnten bronzenen Häuser und Zimmer erklären. So lesen wir z. B. bei Homer [1]: „Wie die Sonne oder der Mond im hellen Glanze strahlen, so erglänzte der hohe Palast des hochherzigen Alkinoos; denn die bronzenen Wände erstreckten sich von der Schwelle des Thores bis auf den Grund des Gebäudes; ihr Simswerk war von blauem Stahl." Ferner scheint man sich auch die Paläste der Götter auf dem Olymp als mit bronzenen Platten geschmückt gedacht zu haben, denn Homer [2] sagt: „Διὸς ποτὶ χαλκοβατὲς δῶ" (zur bronzenen Behausung des Zeus). Auch finden wir bei Pausanias [3]: „In Argos gibt es noch andere sehenswerthe Merkwürdigkeiten: ein unterirdisches Gewölbe, über welchem sich das bronzene Zimmer befand, das Akrisios seiner Tochter (Danaë) als Gefängniss anwies". Es steht daher fest, dass im fernen Alterthum polirte Metallplatten dazu dienten, den Häusern der Reichen Würde und Pracht zu geben.

---

[1] Odyssee VII, 84—87:

Ὥςτε γὰρ ἠελίου αἴγλη πέλεν ἠὲ σελήνης,
Δῶμα καθ' ὑψερεφὲς μεγαλήτορος Ἀλκινόοιο,
Χάλκεοι μὲν γὰρ τοῖχοι ἐρηρέδατ' ἔνθα καὶ ἔνθα,
Ἐς μυχὸν ἐξ οὐδοῦ· περὶ δὲ θριγκὸς κυάνοιο.

[2] Ilias I, 426.

[3] Ilias II, 23: Ἄλλα δέ ἐστιν Ἀργείοις θέας ἄξια· κατάγαιον οἰκοδόμημα, ἐπ'αὐτὸ δὲ ἦν ὁ χαλκοῦς θάλαμος, ὃν Ἀκρίσιός ποτε φρουρὰν τῆς θυγατρὸς ἐποίησεν.

Von den bronzenen Platten, die einst die orchomenische
Schatzkammer zierten, fand ich mehrere Bruchstücke; aber gleichzeitig damit auch auf dem Boden ausgegossene geschmolzene
Bronze, was uns vermuthen lässt, dass die Bronzeplatten von
den Zerstörern im Schatzhause selbst aufgeschmolzen wurden.
Die Decoration der Thür des Thalamos war aber verschieden
von der der Wände. In der That bezeugt die ungeheure
Menge und die Verschiedenheit der Nägellöcher um die Thür
herum, dass diese ganz besonders prachtvoll verziert war und
der Thalamos eine besondere Wichtigkeit hatte. Das Ende des
Eingangs zum Thalamos war von einem Theil der mit Sculpturen
geschmückten Platten aus grünlichem Kalkschiefer versperrt,
welche seine Decke gebildet hatten. Diese Decke scheint vor erst
circa 11 Jahren, unter dem Drucke der darauf lastenden Schutt-
masse, eingestürzt zu sein, denn alle Dorfleute kommen dahin über-
ein, dass damals, genau oberhalb der Stelle wo der Thalamos ist,
der Boden plötzlich mit einem lauten Krachen einsank und sich
ein tiefes Loch bildete. Wegen des Winterregens und der ein-
getretenen Kälte konnte ich nicht mehr die grosse Masse von
Erde und Schutt, die den Thalamos bedeckte, fortschaffen, und
war gezwungen, diese Arbeit bis zum März 1881 zu verschieben,
wo ich sie in Gesellschaft des Generaldirectors Herrn P. Eustratiades von Athen, Professor Sayce von Oxford und meiner Frau
vollbrachte. Ich fing damit an, oberhalb des Thalamos eine
durchschnittlich 50 Fuss lange, 40 Fuss breite Ausgrabung zu
machen, die sich jedoch bald zu gross erwies, denn an der
Nordseite legte ich in einer Tiefe von 21 Fuss und auf einer
Strecke von 30 Fuss Länge und 24 Fuss Breite den Felsen
bloss. Auf der Südseite war die Ausgrabung 14 Fuss tief,
20 Fuss breit und 27 Fuss lang. Hier brachte ich den ganzen
Thalamos ans Licht und konnte somit seine Bauart genau prüfen.
Derselbe ist auf der Nord-, Ost- und Südseite im Kalkfelsen
ausgehauen, und dies ist auch theilweise auf der der Schatzkam-

mer zugewandten Westseite der Fall. Auf der Nordseite steigt
der senkrecht geschnittene Fels noch 6 Fuss, auf der Ostseite
3 Fuss und an der Südseite 1 Fuss 11 Zoll über die grünlichen
Kalkschieferplatten empor, welche die Decke des Thalamos
bildeten. An der Nord-, Ost- und Süd-, sowie an der Westseite rechts und links vom Eingang, war eine aus mit Erde verbun-
denen grössern und kleinern Steinen gebaute Mauer den im Fels
ausgehauenen Wänden des Thalamos entlang errichtet; diese
Mauer ist an der Nordseite 4 Fuss $4\frac{1}{2}$ Zoll, an der Ostseite 4 Fuss
8 Zoll, und 4 Fuss 4 Zoll an der Süd- und Westseite, dick.
Innerhalb dieser Mauer ist der Thalamos 12 Fuss $7\frac{1}{5}$ Zoll lang
von Westen nach Osten, und 9 Fuss $3\frac{1}{5}$ Zoll von Norden nach
Süden. Der Boden dieses Zimmers besteht aus dem geebneten
und geglätteten Felsen und ist auf gleichem Niveau mit dem
Boden der Schatzkammer. In einer Höhe von 8 Fuss oberhalb des
Fussbodens waren die vier Platten aus grünlichem Kalkschiefer,
aus denen die Decke bestand, in der Richtung von Norden nach
Süden quer übergelegt. Ich bin nur im Stande gewesen, die
erste Platte neben dem Eingange zu messen, welche 15 Fuss
2 Zoll lang ist. Es ist jedoch höchst wahrscheinlich, dass alle
dieselbe Länge haben, in welchem Falle sie die Wand sowol an
der Nord- als an der Südseite mit 3 Fuss belasten würden. Um
sie jedoch noch mehr zu befestigen, waren die Enden der Platten
auf der Nord- und Südseite bis zu einer Höhe von 6 Fuss mit
grossen Steinen belastet, die mit Erde verbunden waren und das
Ansehen einer Mauer hatten. Die erste Platte neben dem
Eingang ist 9 Zoll dick und 2 Fuss $7\frac{1}{2}$ Zoll breit; die
zweite 1 Fuss $3\frac{3}{5}$ Zoll dick und 4 Fuss breit; die dritte hat die
ungeheure Dicke von 1 Fuss $4\frac{4}{5}$ Zoll und ist 3 Fuss $10\frac{1}{2}$ Zoll
breit; die vierte ist $8\frac{4}{5}$ Zoll dick und 4 Fuss 2 Zoll breit. Die
dritte Platte hat an der Aussenseite eine Kante, mit der sie
sich in der Mitte mit $1\frac{3}{5}$ Zoll auf die vierte Platte lehnt; jedoch fällt diese Kante nach beiden Enden zu bis auf $\frac{4}{5}$ Zoll

ab. Diese vier Platten haben auf der untern Seite, welche die Decke des Thalamos bildete, eine prachtvoll sculptirte Ornamentation, welche zuerst einen Rand von kleinen Vierecken darstellt, die von einem Rande von grossen Rosetten gefolgt ist, deren jede 5 Zoll im Durchmesser und 16 dreifache Blumenblätter hat. Indess habe ich drei Rosetten mit nur 12 dreifachen Blättern bemerkt und kann es immerhin sein, dass es noch mehr davon gibt, denn da die Platten eingestürzt sind, so ist es mir unmöglich gewesen, alle Rosetten derselben zu übersehen. Dieser Bordure von Rosetten folgten in der Länge des Thalamos, sowol an der West- als auf der Ostseite, 6 Reihen prachtvoller Spiralen, während es auf der Nord- und Südseite nur je 4 Reihen derselben gibt. Darauf folgt in der Mitte ein Viereck, mit einem Rande von zwei Reihen von Rosetten gleicher Grösse wie die des äussern Randes, während der übrige Raum des Vierecks mit 24 Spiralen aufgefüllt ist. Alle diese Spiralen sind mit Palmblättern unterflochten, zwischen denen eine sehr lange Knospe hervorschiesst; aller übrige Raum zwischen den Palmblättern ist mit Palmetten mit vierfachen Blättern angefüllt. Um die Pracht der Decoration zu erhöhen, hat der orchomenische Bildhauer Sorge getragen, diese Palmetten einander gegenüberzustellen. Professor Sayce macht mich auf die grosse Aehnlichkeit dieser Palmetten mit Sphinxschwänzen aufmerksam.

Ich gebe auf Tafel I die ganze Decke in $1/15$ Grösse, und auf Tafel II einen Theil davon in $1/3$ Grösse.

Wenn uns keins der architektonischen Motive dieser Decke unbekannt ist, und wenn wir z. B. diese Art von Spiralen sowol in Troja[1] als in Mykenae[2] und die Palmetten oft in der letztern Stadt[3] finden, so ist doch ihre Composition vollkommen

[1] Vgl. mein „Ilios“, Nr. 836—838.
[2] Vgl. mein „Mykenae“, Nr. 140, 153, 472, 476.
[3] Vgl. mein „Mykenae“, Nr. 151, 470, 471.

neu. Herr Professor Ernst Ziller bemerkt mir, dass, da die
Weberei nothwendigerweise der Sculptur vorangegangen ist,
diese Decoration das Motiv eines Teppichs gewesen sein
muss, von welchem sie auf die Decke des Thalamos übertragen
wurde. Professor Sayce erinnert mich daran, dass die Rosetten
babylonischen Ursprungs sind und in die phönikische Kunst über-
gingen, die sie charakterisiren. In der That finden wir sie überall
auf Vasen der sogenannten phöniko-hellenischen Kunst; auch auf
einer in Olympia gefundenen dreieckigen bronzenen Platte, die in
vier Compartiments getheilt ist; im untersten Compartiment steht
die geflügelte asiatische Göttin, welche, wie Ernst Curtius nach-
gewiesen hat, Nana in Babylon, Istar in Assyrien, Ashtored (in As-
tarté gräcisirt) in Phönikien, Cybele in Lydien und die Ephesische
Artemis bei den Griechen ist. Im zweiten Felde folgt Herakles
und die Centauren; im dritten Greife, die sich einander gegen-
überstehen; im vierten drei Adler. Rosetten — wovon eine aus
Bronze zusammen mit der Platte gefunden wurde — scheinen
benutzt worden zu sein, um den Raum in den verschiedenen
Feldern auszufüllen.

Rosetten sind an den trojanischen und mykenischen Ju-
welen[1] sehr häufig; ja, ich fand in Troja eine Menge goldener
Ohrringe, deren jeder mit 28 Rosetten verziert ist.

Jedoch war diese prachtvolle Decke aus grünlichem Kalkschiefer nicht der alleinige Schmuck des Thalamos, denn dessen
vier Wände waren mit fast drei Zoll dicken Marmorplatten be-
kleidet, welche unten einen Rand von denselben Rosetten, die
wir auf der Decke sehen, haben. Ohne Zweifel ging dieser
Rand von Rosetten sowol unten als oben um alle vier
Wände des Thalamos, deren übriger Raum mit Spiralen aus-
gefüllt war.

---

[1] Vgl. mein „Ilios", Nr. 835, 842, 843, 873, 903, 907, 920; und mein
„Mykenae", Nr. 281, 283, 284, 285, 337, 344, 354 etc.

Wir sehen nur noch wenige Reste dieser Wandbekleidung mit Rosetten und Spiralen *in situ*, die einer grossen Glut ausgesetzt gewesen zu sein scheinen, infolge dessen sie mehr oder weniger von der Feuchtigkeit deteriorirt sind; dessenungeachtet sind die Rosetten und Spiralen noch sehr wohl auf ihnen erkennbar. Wie bereits bemerkt, fand ich in der Schatzkammer mehrere Platten von zersetztem Marmor, eine 2 Fuss 4 Zoll lang, 1 Fuss 8 Zoll breit, mit Spiralen decorirt, die ohne allen Zweifel auch zu der Wandbekleidung des Thalamos gehörte, jedoch wurden im Thalamos selbst keine detachirte Bruchstücke davon gefunden.

Die Wandbekleidung mit sculptirten Platten war in Assyrien in Mode, wo man sie in den Palästen der Könige findet.

Könnte es nicht sein, dass dieser Thalamos noch zu des Pausanias Zeit in wohlerhaltenem Zustande war, und könnte er ihn nicht mit einer solchen Bewunderung erfüllt haben, dass er von der Schatzkammer des Minyas als von einem der grössten Wunder seiner Zeit spricht? Ich vermuthete im Thalamos einen Sarkophag, oder wenigstens Merkmale davon zu finden, dass er als Grabkammer gedient hat, doch sah ich mich in meinen Erwartungen getäuscht, denn ich fand nichts darin als schwarze Erde und selbst nicht einmal einen Topfscherben; ein zerbrochener Ziegel und ein rundes Stück Terracotta mit 2 Löchern war alles was das Zimmer enthielt.

Es ist bemerkenswerth, dass die Piedestale in der grossen Halle der Schatzkammer alle auf dem geebneten Felsboden derselben stehend gefunden wurden, während die meisten Karniese und behauenen Blöcke, die zu einem in der Schatzkammer gestandenen Tempel oder andern Monument gehört haben müssen, gewöhnlich durch eine Schicht Holzasche von 1—4 Zoll Dicke vom Felsboden getrennt waren. Ausserdem zeigen die Piedestale sowie alle Karniese und wohlbehauenen viereckigen Marmorblöcke die deutlichsten Spuren davon, dass sie einem grossen

Feuer ausgesetzt gewesen sind; das Monument, zu dem sie gehört haben, muss durch jenes Feuer zerstört worden sein, da die Blöcke sonst nicht auf eine Schicht Holzasche hätten fallen können, während die Piedestale auf dem Felsen stehen.

Professor Sayce vermuthet, dass die Gothen, welche Christen, aber ein rohes Volk waren und im Jahre 396 n. Chr. unter Alarich nach Griechenland kamen, im Schatzhause, in dem darin befindlichen, wahrscheinlich grösstentheils aus Holz gebauten Tempel und um denselben herum, alle hölzernen Götzenbilder, die sie in Orchomenos und in der Umgegend fanden, aufgehäuft und angezündet haben mögen. Dagegen muss ich jedoch einwenden, dass, selbst wenn die ganze Schatzkammer bis zu ihrem Schlussstein mit Holz gefüllt worden wäre, die Holzasche doch unmöglich eine feste Schicht von mehr als drei Fuss Tiefe hervorgebracht haben würde, und wahrscheinlich eine noch viel geringere, während, wie bereits erwähnt, die Schatzkammer bis zu einer Tiefe von 12 Fuss mit Holzasche und andern verbrannten Stoffen angefüllt war. Die Besucher können sich von dieser Thatsache überzeugen, denn sie sehen die verbrannten Stoffe bis zu jener Höhe zwischen den Marmorblöcken des Mauerwerks der Schatzkammer stecken.

Höchst sonderbar aber ist es, dass die Marmorblöcke selbst nirgends eine Spur davon haben, dass sie dem Feuer ausgesetzt gewesen sind. Dagegen fand ich in dem Thalamos nirgends die geringste Spur weder von Holzasche noch von andern verbrannten Stoffen, während die Marmorplatten der Wandbekleidung, sowie die vier grossen sculptirten Platten aus Kalkschiefer, welche die Decke dieses Zimmers bilden, die deutlichsten Merkmale der Glut, welcher sie ausgesetzt gewesen sind, zeigen; ja, Spuren von Feuer sieht man sogar in dem Bruch dieser Platten und scheint es daher keinem Zweifel zu unterliegen, dass dieselben vom Feuer etwas geschwächt und mürbe gemacht waren, und infolge dessen endlich, unter dem Druck der viele Jahrhunderte lang auf ihnen lastenden Schuttmassen, zusammenbrachen. In der That kann der Einsturz dieser sculptirten Decke nur der einstigen Wirkung des Feuers zugeschrieben werden. Ich erinnere den Leser daran, dass die beiden mittleren Blöcke die ungeheuere Dicke von 1 Fuss $3^3/_5$ und 1 Fuss $4^4/_5$ Zoll haben. Wenn ich mich veranlasst finde anzunehmen, dass die 12 Fuss tiefe Schicht von verbranntem Material in der grossen Halle der Schatzkammer nur durch Feuer, wahrscheinlich Opferfeuer, zu erklären ist, welches viele Jahre lang darin angezündet wurde, so weiss ich keine Erklärung für die Thatsache, dass keine Spur von Rauch oder Hitze an den Marmorblöcken, woraus die Schatzkammer gebaut ist, sichtbar sein sollten, es sei denn, wir nehmen an, dass dieselben noch zur Zeit des Feuers mit Bronzeplatten bedeckt und durch diese geschützt waren. Aber noch gar weniger erklärlich ist es mir, dass die Wandbekleidung und die Decke des Thalamos die Kennzeichen eines grossen Feuers haben sollten, während dieses Zimmer doch nur schwarze Erde enthält und keine Spur von Asche oder andern verbrannten Stoffen. Professor Sayce ist der Meinung, dass der Eingang zum Thalamos offen und dieser leer war, und dass folglich die darin enthaltenen Marmorplatten der Wandbekleidung, sowie die Marmorblöcke der Decke von dem Feuer in der grossen Halle der Schatzkammer gelitten haben müssen. Diese Meinung scheint mir aber nicht annehmbar zu sein, da der Eingang zum Thalamos 9 Fuss 4 Zoll lang und nur 5 Fuss breit ist; ausserdem war dieser Eingang, bis zur Hälfte seiner Höhe, mit derselben Art schwarzer Erde wie der Thalamos gefüllt und enthielt keine verbrannten Stoffe.

Besonders auffällig aber ist es, dass die Spuren von Feuer sich nicht auf den Thalamos beschränken, sondern noch weit über ihn hinaus zu erkennen sind. Wie bereits bemerkt, ist der Thalamos auf der Nord-, Süd-, Ost- und theilweise auch auf der Westseite aus dem Felsen ausgeschnitten; sehr auffallend ist es aber, dass, obgleich die senkrecht geschnittenen Felswände hoch über die Decke des Thalamos hinausreichen, dieselben dennoch mit senkrecht darauf gebauten Lehmwänden fortgesetzt sind, gerade als ob der Thalamos noch eine zweite Etage gehabt hätte, der seine Kalkschieferdecke als Fussboden diente. Alle diese Lehmwände nun, von denen man die Reste auf der Nordseite 6 Fuss, an der Ostseite 3 Fuss und an der Südseite 2 Fuss hoch über den Felswänden sieht, zeigen die deutlichsten Spuren einer sehr grossen Hitze, die weit in den Lehm hineingedrungen ist und ihn gebrannt hat. In der nordöstlichen Ecke oberhalb des Thalamos sehen wir eine senkrecht auf die Felswand, und in gleicher Linie mit der gebrannten Lehmwand gebaute, 5 Fuss 8 Zoll dicke Wand aus ungebrannten Ziegeln, welche bis zu 2 Fuss unterhalb der jetzigen Oberfläche reicht und keine Spur von Feuer zeigt. Diese Mauer ist ebenfalls ein grosses Räthsel. Die einzig mögliche Erklärung scheint mir zu sein: dass es des primitiven Baumeisters Absicht war, die Kalkschieferdecke des Thalamos sollte frei stehen und kein darauf lastendes Gewicht zu tragen haben. Um dies zu bewerkstelligen, gab er dem Thalamos in der That eine zweite Etage, deren Wände aus dem senkrecht geschnittenen Felsen und den Lehmwänden bestanden, die gebrannt wurden, um ihnen grössere Festigkeit zu geben. Zu dieser zweiten Etage war in der Nordostecke die Thüröffnung angebracht, und diese wurde in viel spätern Zeiten mit rohen Ziegeln zugemauert, um den Boden zu ebnen und zu befestigen. Noch muss ich hinzufügen, dass sowol die Beschaffenheit des Schuttes in der zweiten Etage des Thalamos als die Fundstücke daselbst meine Theorie zu bekräftigen scheinen. Der Schutt bestand nämlich hauptsächlich aus schwarzer Erde, die mir durch den Winterregen von dem viel höher gelegenen Plateau der alten Stadt heruntergespült zu sein schien, um so mehr, als sie ein buntes Gemisch von uralten, spätern griechischen und gar mittelalterlichen Topfscherben enthielt. Von interessantern dort gefundenen Gegenständen erwähne ich das Bruchstück einer silbernen Vase und ein paar Steinbeile, vermuthe aber, dass auch diese vom Berge heruntergeschwemmt sind. Jedoch erklären sich auf diese Weise nur die gebrannten Wände oberhalb des Thalamos, und durchaus nicht das Feuer, durch welches die sculptirte Decke desselben gelitten hat, denn wie die Spuren der Glut an den Sculpturen beweisen, war dieses Feuer innerhalb des Thalamos.

Ausserdem durchforschte ich auch die ganze Baustelle des alten Orchomenos auf dem Hypantheion, die mit Bruchstücken alter Terracotten überstreut ist, unter denen glasirte rothe und schwarze Ziegel vorherrschen. Wir haben leider bisjetzt keinen Massstab, auch nur annähernd das Alter dieser sonderbaren Ziegel zu bestimmen; da dieselben aber so massenweise vorkommen, so vermuthe ich, dass sie nicht älter und vielleicht sogar neuer sind als die makedonische Zeit. Unter der Topfwaare, womit die Baustelle von Orchomenos überstreut ist, ist die auf der Scheibe gedrehte, glasirte, einfarbig-rothe die vorherrschende; dieselbe kann aber nach meiner Meinung auch nicht älter sein als die makedonische Zeit. Man findet aber auch auf der Oberfläche zahlreiche Bruchstücke archaischer bemalter, sowie aus der Hand gemachter monochromer schwarzer oder gelber Topfwaare, die um Jahrhunderte älter ist.

Alle meine Versuche, mehr Schatzhäuser zu finden, sind fehlgeschlagen; in zwei zu diesem Zweck abgeteuften Schachten traf ich schon in 9 Fuss Tiefe auf den Fels; in andern Schachten erreichte ich denselben erst in einer Tiefe von 16—18 Fuss, was übrigens die grösste Tiefe der Schuttaufhäufung auf dem Hypantheion ist. Auch zog ich einen 5 Fuss breiten, 110 Fuss langen Graben an der Nordseite des Hypantheion (vgl. Plan III), auf einer Stelle, wo eine Bodenerhebung ein Grab anzudeuten schien. Ich stiess dort an der Kante des Felsens, in einer Tiefe

von 16 Fuss, auf eine aus unbearbeiteten Steinen mit Erde zu-
sammengefügte 5 Fuss 10 Zoll dicke Mauer, die Professor Sayce
für die alte minyeische Stadtmauer hält. In diesem Graben fand
ich viele Menschengeripe, die so schlecht erhalten waren, dass
die Schädel beim Herausnehmen zerbröckelten. Auch begegnete
ich dort häufig Schichten von verbrannten Stoffen. Sehr bemer-

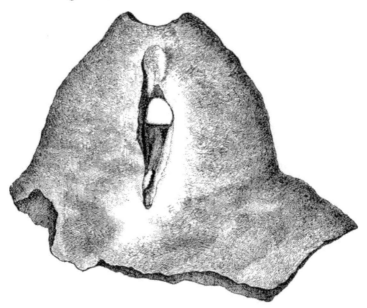

Fig. 2. Bruchstück einer Vase mit senkrecht durchbohrtem Auswuchs an jeder Seite,
zum Aufhängen. $2/3$ wirkliche Grösse.

kenswerth ist es, dass in Orchomenos die mit Spiralen und andern mykenischen Ornamenten gezierte, bemalte Topfwaare, sowie Kühe mit langen Hörnern und derselben bunten Farbe wie
in Mykenae, auch Becher derselben Form und Farbe wie in
Mykenae[1], gewöhnlich nur bis zu einer Tiefe von 6 Fuss unterhalb der Oberfläche vorkommen, und dass in grösserer Tiefe

---

[1] Vgl. mein „Mykenae", colorirte Tafel *A*, Fig. *a* und *b*, sowie Nr. 84
und 88.

fast ausschliesslich monochrome, schwarze, rothe oder gelbe, aus
der Hand gemachte oder auf der Scheibe gedrehte Topfwaare, wie

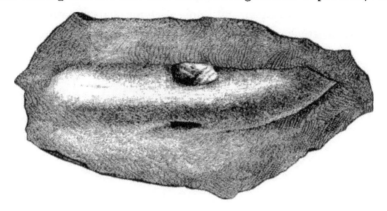

Fig. 3. Bruchstück einer Vase mit senkrecht durchbohrtem Auswuchs an jeder Seite.
²/₃ wirkliche Grösse.

sie auch in den Königsgräbern in Mykenae vorkommt, gefunden
wird. Sehr häufig sind hier die grossen aus der Hand gefertig-

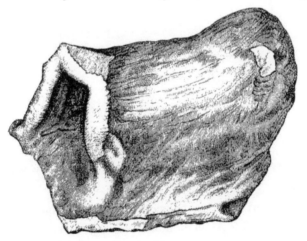

Fig. 4. Bruchstück einer Vase mit langem horizontalen Loch an jeder Seite,
zum Aufhängen. Wirkliche Grösse.

ten schwarzen Becher oder Becken mit hohlem Fuss und horizontalen Cannellirungen oberhalb desselben, die auch in My-

kenae[1] vorkamen, auch Bruchstücke von Vasen, die an jeder Seite einen gerade stehenden, senkrecht durchbohrten Auswuchs zum Aufhängen mit einer Schnur haben, wie Fig. 2; auch Bruchstücke von Vasen mit einem senkrecht durchbohr-

Fig. 5. Bruchstück einer Vase mit horizontalem röhrenförmigem Loch an jeder Seite, zum Aufhängen. $2/3$ wirkliche Grösse.

ten horizontalen Auswuchs, wie Fig. 3. Die meisten Fragmente aber lassen Vasen erkennen, die auf jeder Seite einen Auswuchs

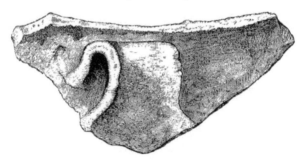

Fig. 6. Bruchstück einer Vase mit röhrenförmigem horizontalem Loch an jeder Seite, zum Aufhängen. $2/3$ wirkliche Grösse.

mit horizontaler Durchbohrung zum Aufhängen haben, wie Fig. 4, 5 und 6. Auch kommen häufig Vasen vor, die ihrer kleinen Henkel wegen, wie Fig. 7, andere, die ihrer grossen Henkel wegen charakteristisch sind, welche denen der Topfwaare

---

[1] Vgl. mein „Mykenae", Nr. 230.

in der sechsten Stadt in Troja[1] nahe kommen, wie Fig. 8. Es finden sich auch Vasen mit einem Ausguss im Rande,

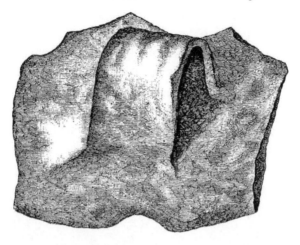

Fig. 7. Bruchstück einer Vase mit kleinen Henkeln. ⅔ wirkliche Grösse.

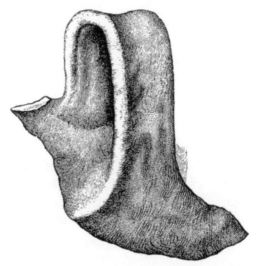

Fig. 8. Hoher Vasenhenkel. ⅔ wirkliche Grösse.

---

[1] Vgl. mein „Ilios", Nr. 1381.

wie Fig. 0. Alle diese Topfwaare ist theils aus der Hand, theils auf der Scheibe gefertigt. Entweder ist sie schwarz, und in diesem Fall hat sie die natürliche Farbe des Thones, oder sie ist gelb oder roth, und dann ist sie gewöhnlich leicht glasirt. Dreifüsse von Terracotta gab es in Orchomenos, aber sie waren nicht häufig, denn ich fand nur wenige Füsse davon. Selten sind auch die Vasen mit Frauenbrüsten. Im allgemeinen ist die vorhistorische monochrome Topfwaare in Orchomenos nur sehr oberflächlich gebrannt; ja, die meiste ist kaum zu einem Achtel der Dicke des Thones gebrannt; dessenungeachtet

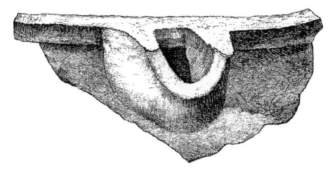

Fig. 9. Fragment einer Vase mit Ausguss im Rande. ²⁄₃ wirkliche Grösse.

scheinen die Gefässe eine grosse Festigkeit zu haben, was um so merkwürdiger ist, als der Thon nur eine sehr kleine Bei-mischung von gestampftem Granit oder Kies hat. Höchst son-derbarerweise sind selbst die grossen Krüge (πίϑοι) zu Orcho-menos weniger als zur Hälfte der Thondicke gebrannt. Dieser Umstand scheint den unumstösslichsten Beweis davon zu geben, dass der Thon hier ganz vorzüglich ist, denn wäre es nicht so, so würden diese grossen Krüge durch ihre eigene Schwere zusammenbrechen.

Ausserhalb der Königsgräber in Mykenae hatte ich hier und da Bruchstücke von glasirter, grüner, blauer, gelber oder rother, auf der Scheibe gedrehter Topfwaare gefunden, die hinsichtlich des Fabrikats viel Aehnlichkeit mit der jetzigen türkischen Topfwaare hat, und die ich infolge dessen nicht für alt halten konnte. Da ich jetzt aber dieselbe glasirte Topfwaare in Orchomenos sowol auf dem Felsen in der Schatzkammer, als auch in den untersten Schichten in meinen Gräben und Schachten auf dem Hypantheion finde, so zögere ich nicht mit der Meinung hervorzutreten, dass diese Art glasirte Topfwaare schon in einer fernen vorhistorischen Zeit in Gebrauch gewesen, dass aber die Kunst ihrer Anfertigung später verloren gegangen sein muss, denn sie kommt in den Schuttlagen der historischen Zeit nicht vor. Die Vasenböden dieser glasirten Topfwaare haben gewöhnlich die bei der türkischen Topfwaare niemals vorkommende Form der alten hellenischen Vasenböden. Zuweilen sehen wir auf dieser Topfwaare rohe Zeichnungen, die durch ihre sonderbaren Formen auffallen.

Von andern in meinen Schachten und Gräben auf dem Hypantheion gefundenen Gegenständen erwähne ich steinerne Werkzeuge, wie z. B. ein paar Aexte von Diorit, eine Menge kugelförmiger Kornquetscher von Basalt oder Granit, ein paar Stampfkeulen von Diorit oder Granit, einige Hämmer von Diorit, mehrere Wirtel von Steatit oder Thon, und einige Messer von Obsidian. Von Metall wurde dort fast nichts gefunden, nur einige eiserne Nägel in den obern Strata. Von Knochen wurde in dem grossen Graben auf dem Hypantheion ein sonderbarer Gegenstand in Form eines Halbmonds mit zwei spitzen, $6\frac{1}{2}$ Zoll voneinander stehenden Enden gefunden.

Wenn man in westlicher Richtung das Hypantheion weiter hinaufgeht, so sieht man zwei kleine niedrige Hügel; etwas westlicher, circa 30 Schritt jenseits der westlichen Mauer des alten Orchomenos, ist ein anderer etwas höherer Hügel, und ungefähr 120 Schritte noch weiter nach Westen sind noch zwei kleine Hügelchen. Alle diese Hügel, die auf dem Plan III vermerkt sind, wurden von mir untersucht, aber ohne Erfolg. Die bei-

den eroten bestehen aus den Ueberbleibseln eines Gebäudes aus
dem Mittelalter. In dem darauffolgenden Hügel grub ich einen
30 Fuss langen, 4 Fuss 10 Zoll breiten Graben, in welchem ich
in 8—9 Fuss Tiefe den Fels erreichte und nichts fand, als eine
Perle von blauem Glase und glasirte rothe Ziegel. An der Südseite dieses Grabens traf ich auf eine 6 Fuss 3 Zoll hohe, 3 Fuss
4 Zoll breite Mauer, bestehend aus grossen behauenen Steinen,
wovon nur die Aussenseite rauh gelassen ist. Auf dieser Mauer
scheint ein grosser behauener Block gelegen zu haben, welchen
man, die glatte Seite nach unten gewandt, 8 Fuss davon entfernt sieht. Diese Mauer scheint nach ihrer Bauart aus makedonischer Zeit zu sein; sie läuft in östlicher Richtung und ver-
einigt sich unter rechtem Winkel mit der westlichen Mauer
des alten Orchomenos, die man von Süden nach Norden über
die ganze Bergfläche verfolgen kann, und die ich an der Nordseite bis zum Felsen, auf dem sie ruht, ausgrub (vgl. Plan III).
In den beiden noch westlicher gelegenen Hügelchen fand ich
nichts als einige Bruchstücke sehr archaischer glasirter, schwarzer hellenischer Topfwaare.

Dem Pausanias[1] wurden in Orchomenos die Gräber des
Minyas und Hesiod gezeigt, und mögen diese mit den oben-
erwähnten, Magula genannten, kegelförmigen Tumuli identisch
sein; da diese jedoch mit Wein bepflanzt sind, so konnte ich
von den Besitzern nicht die Erlaubniss zur Ausgrabung erlangen.
Der Periegete sah hier ferner eine merkwürdige Quelle[2], zu
welcher man hinabstieg. Ich würde nicht zögern, dieselbe in
der herrlichen Quelle am nördlichen Fusse des Hypantheion,
circa 200 Schritt oberhalb der Schatzkammer, zu finden, denn
man sieht dort im Felsen die Spuren von zu ihr hinunterfüh-
renden Stufen. Da jedoch Pausanias hier das Wort κρήνη an-

---

[1] Pausanias IX, 38.
[2] Ebendas. IX, 38.

wendet, welches er beständig für eine künstliche Ableitung von einer natürlichen Quelle gebraucht, im Gegensatz zu πηγή für eine natürliche Quelle, so muss die von ihm erwähnte wol anderswo gesucht werden. Pausanias sah ferner hier einen Tempel des Dionysos, der spurlos verschwunden ist; ferner eine Statue aus Bronze, die mit einer eisernen Kette an einen Felsen befestigt war.[1] Wie man sagte, stellte es ein Gespenst dar, das den Felsen gefährdet habe, und welches das um Rath gefragte Orakel in Delphi für den Geist des Aktäon erklärt hatte. Auf den Rath des Orakels wurden die Ueberreste des Aktäon begraben und die Statue gemacht, die Pausanias sah. Dieser lässt uns hinsichtlich der Lage des Felsens, an welchem die Statue befestigt war, im Zweifel.

Professor Sayce erinnert mich an den Namen Orchomenos, welcher — da es nur eine Stadt gab, die gleichzeitig Akropolis und Stadt war — nur im Singular gebraucht wird. Die alten Orchomenier nämlich waren von den Griechen vertrieben und es gab daher nur eine Ansiedelung in der Stadt. Aber in andern im Plural gebrauchten Städtenamen gab es zwei Ansiedelungen, wie z. B. im cadmeischen Theben, wo die obere Stadt, die Cadmeia, phönikisch, die untere griechisch war, und dies mag vielleicht auch, wie Sayce meint, eine Erklärung dafür geben, dass nach der bereits angeführten Stelle des Homer nur ὑποϑῆβαι an dem trojanischen Krieg theilnahm. Ebenso Ἀϑῆναι, wovon E. Cùrtius versucht hat zu beweisen, dass die untere Stadt phönikisch war. Auch ist Megara das phönikische Wort Magur, welchem die Griechen ihre eigene Pluralform gaben. Dies scheint um so gewisser zu sein, als ein Theil von Karthago Magara hiess, welches von Virgil in Magalia latinisirt wurde, denn so nennt er die Häuser Karthagos. Ein Gleiches ist wahrscheinlich auch mit andern griechischen

---

[1] Pausanias IX, 38.

Städten der Fall, die — wie Μυκῆναι — im Plural gebraucht wurden.

Ich gebe hier in cursiver Schrift eine genaue Copie einer Inschrift, welche auf einem Marmorblock in der äussern Mauer der Klosterkirche steht, denn sie ist sehr merkwürdig, da sie von gleichem Alter ist wie die Mauern jenes den Aposteln Peter und Paul geheiligten Monuments, und zeigt, dass dies im Jahre 6382 nach Erschaffung der Welt, somit im Jahre 874 n. Chr. gebaut war, von einem gewissen Leo, der unter den Kaisern Basil I., Leo VI. und Constantin VII. die Würde eines Protospatharios hatte:

Ἐκαληέργησεν τὸν ναὸν τοῦ Ἁγίου Παύλου τοῦ ἀποστόλου Λέον ὁ πανεύφιμος βασηληκὸς προτοσπαθάριος, καὶ ἐπὴ τὸν ὑκιακὸν, ὑπὲρ λύτρου καὶ ἀφέσεος τὸν πολλῶν αὐτοῦ ἁμαρτηῶν, ἔτους ἀπὸ κτήσεος κόσμου ἑξακισχηλιοστὸ τριακοσηοστῷ ὀγδοηκοστῷ Β.

Eine zweite in der äussern Kirchenmauer befindliche Inschrift stellt denselben Würdenträger als Erbauer jenes Heiligthums dar:

> Ἐκαληέργησεν τὼν ναὸν τὸν Ἁγίου Πέτρου τὸν κωρυφέου τῶν ἀποστόλων Λέον ὡ πανεύφιμος βασιληκος Προτοσπαθάρηος καὶ ἐπὴ τῶν ὑκηακῶν, ὑπὲρ λύτρου καὶ ἀφέσεος τὸν πολλῶν αὐτοῦ ἁμαρτηῶν, ἐπὴ Ἰγνατήου τοῦ ὑκουμενηκοῦ πατρηάρχου. Ἀμήν.

Die folgende Inschrift, die ebenfalls den Protospatharios Leo als Erbauer der Kirche bestätigt, befindet sich in der äussern Wand einer kleinen mit der Klosterkirche vereinigten Kirche:

Ἐπὶ Βασιλίου κ Κονσταντήνου καὶ Λέωντος τὸν θηωτάτον βασιλέων τὸν Ῥωμέον.

Παναγήα θεοτάκε σὺν τὸ μονωγενῆ σου ἰνῷ βοήθι τοῦ σοῦ

δούλου *Λέωντος* βασιληκοῦ *Προτωσπαϑαρίου*, κὲ ἐπὴ τὸν
οἰκηακῶν σὺν τῖ συνεύνῳ κὲ τῦς φιλτάτυς τέκνυς αὐτοῦ,
τοῦ ἐκ πόϑου κὲ πήστεος μεγίστις ἀναστίσαντος τὸν
σὸν ἅγιων ναόν. Ἀμήν.

Obgleich diese drei Inschriften bereits im *Corpus Inscriptionum* publicirt sind, so gebe ich sie doch hier, da sie aus zwei Gründen sehr wichtig sind, denn erstens zeigen sie uns, wie wenig man sich zu jener barbarischen Zeit, als die Kirche gebaut wurde, um Orthographie bekümmerte, und zweitens beweisen sie uns, dass das Griechische vor tausend Jahren ganz genau so ausgesprochen wurde, wie es jetzt in Griechenland der Fall ist: αι wird nämlich durch ε wiedergegeben, ι durch η und η durch ι, οι durch υ, ο durch ω und ω durch ο, υι durch ιυ, ει durch η sowie durch ι. Ferner mache ich auf die Worte „βοήϑι (anstatt βοήϑει) τοῦ σοῦ δούλου" aufmerksam, welche beweisen, dass die Corruption im Neugriechischen, den Genitiv anstatt des Dativ zu gebrauchen, schon in dem vor tausend Jahren gesprochenen Griechischen eingebürgert war. Dass es aber zu der Zeit hier auch Leute gab, welche die Wissenschaften cultivirten und den Homer bewunderten, das scheint aus einer andern, in homerischen Hexametern, zu Ehren desselben Protospatharios gemachten Inschrift hervorzugehen, welcher in den drei vorhergehenden als Erbauer der Kirche erscheint. Diese Inschrift ist auf einem in einem Pfeiler hinter der Kirche eingemauerten Marmorblock. Ich gebe sie hier ebenfalls in cursiver Schrift:

Οὐ φϑόνος οὐδὲ χρόνος περιμήκετος ἔργα καλύψει
Σῶν καμάτων, πανάριστε, βυϑῷ πολυχανδέϊ λήϑης,
Ἔργα ἐπεὶ βοόωσι καὶ οὐ λαλέοντά περ ἔμπης.
Καὶ τόδε γὰρ τέμενος παναοίδιμον ἐξετέλεσας,
Μητρὸς ἀπειρογάμου, ϑεοδέγμονος ἰφιανάσσης,
Τερπνὸν ἀποστίλβον περικαλλέα πάντοθεν αἴγλην.

50

Χριστοῦ δ' ἑκατέρωθεν ἀποστόλω ἔστατον ἄμφω,
Ὧν Ῥώμης βῶλαξ ἱερὴν κόνιν ἀμφικαλύπτει.
Ζώοις ἐν θαλιῇσι χρόνων ἐπ' ἄπειρονα κύκλα,
Ὦ πολύαινε Λέον Πρωτοσπαθάριε μέγιστε,
Γηθόμενος κτεάτεσσι καὶ ἐν τεκέεσσιν ἀρίςτοις
Χῶρον ἐπικρατέων τε παλαιφάτου Ὀρχομένοιο.

Auf in die äussere oder innere Seite der Kirchenmauern
sowie der Umfangs- oder Nebenmauern eingemauerten Marmorblöcken sehen wir eine grosse Zahl von sehr interessanten Inschriften; mit nur wenigen Ausnahmen sind alle in dem
böoto-äolischen Dialekt, welcher das Digamma bewahrt hatte, und
sie sind folglich wichtig für die Philologie. Ich mache darauf aufmerksam, dass in allen Inschriften, in denen das Digamma gebraucht wird, Orchomenos Ἐρχομενὸς genannt wird. Diese Orthographie nun beweist uns, dass die Münzen mit dem Typus eines
böotischen Schildes, einer Weizenähre und einem Olivenkranz,
mit der Legende EPXO, EPX, EP oder blos E, zu Orchomenos gehören. Auf einem mir gebrachten Bruchstück von
schwarzem glasirten Thon, welches angeblich in der Nähe des
Klosters gefunden ist, befindet sich die Inschrift: MOIΓENOI,
die wahrscheinlich aus makedonischer Zeit stammt.

III.

Copae.

In Gesellschaft von Professor Sayce besuchte ich die alte Stadt Copae, auf der einstigen kleinen Insel Gla gelegen, die jetzt durch einen schmalen Isthmus mit dem nördlichen Ufer des Sees von Copais verbunden ist, in einer Entfernung von nur 16 engl. Meilen von Orchomenos. Da aber der Weg meistens über die Felsen führt und sehr schlecht und voll von Steinen ist, so brauchten wir nicht weniger als 5 Stunden, um dahin zu reiten. Wir passirten das Dorf Xeropyrgo, welches auf den die Sümpfe begrenzenden Höhen liegt und in gerader Linie nur 3 engl. Meilen in ostnordöstlicher Richtung, auf dem grossen Umweg, den wir machen mussten, aber mehr als 8 engl. Meilen von Orchomenos entfernt ist. Ohne Zweifel liegt es auf der Baustelle der alten Stadt Tegyra, von der Plutarch[1] sagt, dass sie oberhalb der Sümpfe des Melas, nicht weit von Orchomenos liegt, und dass die beiden Städte durch eine Strasse verbunden waren, welche durch einen von den Sümpfen verursachten Pass ging. Auf der Baustelle von Copae liegt das Dorf Topolia, welches fast ebenso schmutzig ist als Theben. Die polirten Marmorblöcke aber, die wir hin und wieder in den

---

[1] Leben von Pelopidas.

4*

Wänden der elenden Häuser sehen, bezeugen die Pracht und den Reichthum der alten Stadt.

In den hier und da in Topolia gegrabenen Löchern überzeugte ich mich, dass die Schuttanhäufung hier nicht unbedeutend ist und auf einigen Stellen 12 Fuss übersteigt. Dies ist um so bemerkenswerther, als die kleine Insel aus einem ungefähr 50 Fuss hohen Felsen besteht, der an allen Seiten unter einem Winkel von circa 60 Grad zum See abfällt. Von einem Marmorblock auf der Stelle, wo wir anhielten, copirte ich die nachstehende verstümmelte Inschrift, die augenscheinlich aus dem Mittelalter herrührt und beweist, dass zur Zeit als sie aufgestellt wurde, dort noch eine Copae genannte Stadt stand:

ΠΟΛΙΣΚΩΠΑΙΩΝ

ΕΑΥΤΗΣΣΩΤΗΙΡΑ

ΕΥΕΡΓΕΤΗΝ

Auf einem andern Block, gleichfalls aus dem Mittelalter:

ΛΥΣΩΝ

ΧΑΙΡΕ

Auf einer Marmorplatte in der äussern Mauer einer kleinen verlassenen Kirche, sehen wir in Basrelief einen Krieger auf einem in vollem Galopp rennenden Pferde, sodass sein Himation im Winde fliegt; sein Kopf ist mit einer Mütze mit breitem Schirm bedeckt; sein übriger Körper ist vom Kopf bis zu den Lenden von einem grossen Schilde bedeckt. Oberhalb der Sculptur ist die Inschrift:

ΕΠΙΣΩΤΗΡΙΔΑ

ΗΡΩΙ

welche aus römischer Zeit zu sein scheint.

In derselben alten Kirche findet sich eine viereckige
marmorne Säule mit der Inschrift:

ΟΜΟΛΩΙΧΟΣ.

In der Aussenseite der Wand der neuen Kirche in Topolia sieht man zwei lange Inschriften, aber beide sind sehr
verwischt und unlesbar.

Copae hat dem See von Copais seinen Namen gegeben.
Dies wird von Strabo [1] bestätigt, der, nachdem er über Copae
gesprochen hat, hinzufügt: „In alten Zeiten gab es keinen ge-
meinschaftlichen Namen des Sees, sondern er wurde bei jedem
an ihm gelegenen Wohnorte diesem gleichnamig benannt, Copais
nach Copae, Haliartis nach Haliartos, und so nach den andern;
aber späterhin gab man dem ganzen See den vorherrschenden
Namen Copais, da diese Gegend die tiefste Einbucht bildet.“
Die Einwohner von Topolia erfreuen sich in dem See einer er-
giebigen Fischerei der wegen ihrer Grösse und ihrer Fettigkeit
schon im Alterthum berühmten [2] copaischen Aale, die Pausanias
aus eigener Erfahrung lobt. [3]

Ich mache noch auf eine von meiner Frau nahe beim Kloster und auf dessen Südseite gemachte Ausgrabung aufmerksam,
in welcher sie sechs byzantinische Gräber, und unterhalb derselben noch andere anscheinend ältere Gräber fand, die aus
römischer Zeit sein mögen, da neben denselben etwas römische
Topfwaare gefunden wurde. Aber alle Gräber, die obern sowol
als die untern, waren durchaus kunstlos und bestanden aus
zwei roh bearbeiteten Steinplatten, auf denen der Körper des
Verstorbenen gelegt, und einer dritten Platte, womit derselbe
bedeckt war.

---

[1] Strabo IX, 411.

[2] Aristophanes, Acharnes, V. 880; auch Archestrat. apud Athen.
I, 7. 13; Poll. I, 6.

[3] IX, 24: αἱ δὲ ἐγχέλεις αὐτόθι καὶ μεγέθει μέγισται καὶ ἐσθίειν εἰσὶν
ἥδισται.

Die Besucher von Skripu sehen am Wege, etwa 120 Schritt südlich vom Kloster, eine römische Ruine, die von einem Bade herzurühren scheint.

Im hohen Alterthum muss es eine gute Strasse zwischen Lebadeia und Orchomenos gegeben haben, da es andernfalls unmöglich gewesen sein würde, allen Marmor, der zum Bau der Schatzkammer gedient hat, und der, wie bereits erwähnt, in den Marmorbrüchen von Lebadeia gebrochen ist, durch die sumpfige Gegend zu transportiren.

Inschriften:

Auf Marmorblöcken neben der Baustelle des Charitentempels.

ΓΟΜΟΔΩΡΟΣ ΝΙΚΩΝΟΣ ΤΑΓΡΟΘΥΡΑΡΑΚΗΤΩΣ
ΓΙΝΑΚΑΣ ΤΩ ▨

―――――――――――

{Κ)ΑΛΛΙΣΤΟΚΛ▨

▨ΛΙΟΞΕΝΙΣ

ΔΑΜΑΣΣΙΣ

ΔΑΜΟΦ▨

ΗΓΡΙΟΔΟΡΟΣ

ΕΓΑRΙΣΣΤΟΔΙ▨

⟨ΛΙΤΩΥΩ/

ΚΑΙΣΕΝΝ[Α]

ΗΕΡΑΙΟΔΟΡΟΣ

[ΔΑ]ΜΟΣΘΕΝΕΙΣ

ΑΘΑΝΙΣ

ΜΟΙ
ΓΕΛΙ

[Ξ]ΟΑΝΟΔΩΡΑ

ΤΕΛΕΣΑΡΧΟΣ

ΑΝΤΙΚΡΑΤΕΙΣΑΡΧΕΙΗΙΟΣΜΙΤΑ
ΑΡΤΑΜΙΔΙΕΙΛΕΙΘΥΙΗ

ΝΤΟΣΙ▨
ΚΟΔΩΡΩΔΙ▨
▨ΙΩΝΟΣΑΘΑΝΙΑΣΚΟΥ
ΔΑΜΙΚΟΥΛΟΣΕΡΜΑ▨
ΝΙΚΟΦΑΝΕΙΣΕΥΑΡΧΙ
ΔΑΟΝΙΚΩΝΑΛΕΥΑΝΙ/▨
ΝΓΙΩΙΩΝΟΣ ΑΡΧΕΛΑ▨
ΣΙΛΛΙΟΣ

Ueber dem Eingang zum Kloster:

+ΚΕ̄ΣΟΗΟΙΤΟΣ ΟΔΟΥΛΟ
ΑΛΛΗΑΝΟΥΝΤΟΥΗΣΤ
ΝΙΚΚΟΗΚΟΝΙΟΛΙ▨ΙΓΕ
ΝΙΣΟΚΕ

―――――――

ΔΑΜΩΝΕΥΑΡΙΔΑΟΑΡΞΑΣΚΗΙΑ
ΡΕΙΤΥΣΑΣΣΑΡΑΓΙΙΣΙΑΝΟΥΒΙ
ΓΙΩΝ ⬛⬛ ΩΡΩΔΙΚΕΑΡΧΩ

Am Brunnen:

ΟΜΕΝΙ
ΓΥΘΩΝΟΣΙΕ
ΕΝΤΑΣΕΡΑΓΙΔΟ
ΟΝΤΟΣΝΟΥΜΗΝΙΟΥ

In Petromagula:

ΟΚΛΙΔΑΣ
Κ Λ ⬛⬛ Υ

Kopfunter eingemauert:

⬛ ΑΜΑΓΡΙΩ
ΣΚΟΡΙΔΑΣΕΡ⬛
ΟΓΕΝΙΟΣΑΝΤΙ⬛
ΑΝΦΙΛΟΣΜΝΑΣΙΛΟΧΩ
ΑΙ⬛ΙΜΩΦΙΛΛΕΙΛΟΥΣΙΘΙΩ
ΟΣΕΥΑΝΔΡΩΑΝΤΙΓΕΝΕΙΣΚΑ
ΙΟΣΕΤΕΑΡΧΟΣ ΛΑΑΡΧΩ
ΝΓΙΤΘΙΑΔΑΟΓΟΛΙΟΥΚΛΙ
ΒΙΟΤΩΕΥΡΟΥΛΟΧΟΣΑΘΑΝΙΧ
ΚΛΕΙΣΑΡΙΣΤΩΝΟΣ⬛
ΣΜΙΛΤΙΑΟΔΙΩΝΧΑΡΙΚΛ
ΡΑΤΕΙΣΣΩΓΑΤΡΩ⬛
ΕΞΑΚΕΣΤΩΚΛΕΙΣΝΙΚΩ
ΕΙΛΩΑΝΤΙΓΕΝΙΔΑ
ΟΣΕΥΕΙΟ⬛

57

Kopfunter in die Gartenmauer eingemauert:

ΩΝΟΣΕΥΤΟ⫶ΙΟΝΟ⫶

VΤ⫶ΤΟΝFΙΔΙΟΝ FΥΚΕΤΑΝ⫶Ω⫶.

⌐Ι⌐ ΣΙΟΣΚΗΜΕΙΣΕΙΜΕΝΜΕΙΘΕΝΙ

[ΕΦΑΓ|Τ] ΕΣΤΗΗΔΕΚΑΤΙΣΚΑΤΑΔΟΥΛ⫶ΙΔ

ΓΟΛΕΜΑΡΧΥΣΟΥΛΩΝΤΕΣΚΗ

ΣΟΥΝΕΔΡΥΔΑΜΙΩΝΘΩΤΟΝΑΔΙΚΙΑ⫶

ΙΑΣΑΡΙΣΤΙΩΝΟΣ

ΛΙΧΙΔΑΟΓΟΛΕΜΑΡΧΙΟΝΤΩΝΣΑΩΝ[Δ]

ΝΟΣΚΛΙΩΔΑΦΝΗΩΚΗΤΙΜΩΜΕΝΕ⫶

ΝΕΙΜΕΝΤΩΣΑΡΑΓΙΟΣ ΚΗΤΑΣΙΣΙΟΣ

ΝΑΜΕΙΔΕΕΦΑΓΤΕΣ ΤΗ ΗΔΕΚΑΤΙΣ

ΣΟΥΛΩΝΤΕΣΔΑΜΙΩΟΝΤΕΣ⫶

ΙΚΙΟΝΤΑΓΑΡΕΙΑΝΤΗΚΛΕΙΩΙΦΙΛΥ⫶

⫶Ι⫶ΤΩΝ ΚΑΛΟΚΛΙΔΑΟΚΗΤΗΤΑ⫶

ΝΕΝΙΚΗΚΟΤΕΣ ΕΝ ΤΟΙΣ ΧΑΡΙΤΗΣΙΟΙΣ
ΣΑΛΓΙΣΤΗΣ
[ΘΕ] ΟΦΡΑΣΤΟΣ ΑΣΚΛΗΓΙΑΔΟΣ ΑΙΓΙΝΗΤΗΣ
ΚΗΡΥΞ
ΝΙΚΟΤΕΛΗΣ ΚΑΓΩΝΟΣ ΘΕΣΓΙΕΥΣ
ΡΑΨΩΔΟΣ
ΜΕΝΤΩΡΑΓΟΛΛΟΔΩΡΟΥ ΗΡΑΚΛΕΩΤΗΣ
ΓΟΗΤΗΣ
ΔΙΟΓΕΝΗΣ ΛΕΩΝΙΔΟΥ ΑΝΤΙΟΧΕΥΣ ΑΓΟΔΑΦΝΗΣ
ΑΥΛΗΤΗΣ
ΕΡΓΕΑΣ ΕΡΓΕΟΥ ΑΝΤΙΟΧΕΥΣ ΑΓΟΔΑΦΝΗΣ
ΑΥΛΩΔΟΣ
ΑΡΙΣΤΩΝΑΡΙΣΤΩΝΟΣ ΟΗΒΑΙΟΣ
ΚΙΘΑΡΙΣΤΗΣ

58

ΦΑΝΙΑΣΑΓΌΛΛΟΔΩΡΟΥ ΤΟΥ ΦΑΝΙΑΑΙΟ
ΛΕΥΣΑΓΟΚΥΜΗΣ
ΚΙΘΑΡΩΔΟΣ
ΚΑΛΛΩΝΓΥΘΩΝΟΣ ΟΓΟΥΝΤΙΟΣ
ΤΡΑΓΩΙΔΟΣ
ΝΙΚΟΤΕΛΗΣ ΚΑΓΩΝΟΣ ΘΕΣΓΙΕΥΣ
ΚΩΜΩΙΔΟΣ
ΝΙΚΟΣΤΡΑΤΟΣ ΦΙΛΟΣΤΡΑΤΟΥ ΘΗΒΑΙΟΣ [ΓΟ.ΗΤΗΣ]
ΟΙΔΕΕΝΙΚΩΝ ΤΟΝ ΝΕΜΗΤΟΝΑΓΩΝΑ [ΤΩΝ]
ΟΜΟΛΩΙΩΝ
ΑΝΔΡΑΣ ΑΥΛΗΤΑΣ
ΕΡΓΕΑΣ ΕΡΓΕΟΥ ΑΝΤΙΟΧΕΥΣ ΑΓΟΔΑΦΝΗΣ
ΓΑΙΔΑΣ [ΑΥΛΗΤΑΣ]
ΕΡΓΕΑΣ ΕΡΓΕΟΥ ΑΝΤΙΟΧΕΥΣ ΑΓΟΔΑΦΝΗΣ
ΓΑΙΔΑΣ ΗΓΕΜΟΝΑΣ
ΚΑΛΛΩΝ ΓΥΘΩΝ [ΟΣ] verwischt
ΑΝΔΡΑΣ [ΗΓΕΜΟΝΑΣ]
ΚΑΛΛΩΝ ΓΥΘΩΝΟΣ ΟΓΟΥΝΤΙΟΣ
ΤΡΑΓΩΙΔΟΣ
ΗΡΟΔΟΤΟΣ ΜΕΝΑΝΔΡΟΥ ΒΟΙΩΤΗΣ
ΚΩΜΩΙΔΟΣ
ΝΙΚΟΣΤΡΑΤΟΣ ΦΙΛΟΣΤΡΑΤΟΥ ΘΗΒΑΙΟΣ
ΤΑΕΓΙΝΙΚΙΑ
ΕΡΓΕΑΣ ΕΡΓΕΟΥ ΑΝΤΙΟΧΕΥΣ ΑΓΟΔΑΦΝΗΣ

Auf Marmorblöcken, die im Eingange zur Schatzkammer
gefunden wurden:

Druck von F. A. Brockhaus in Leipzig.

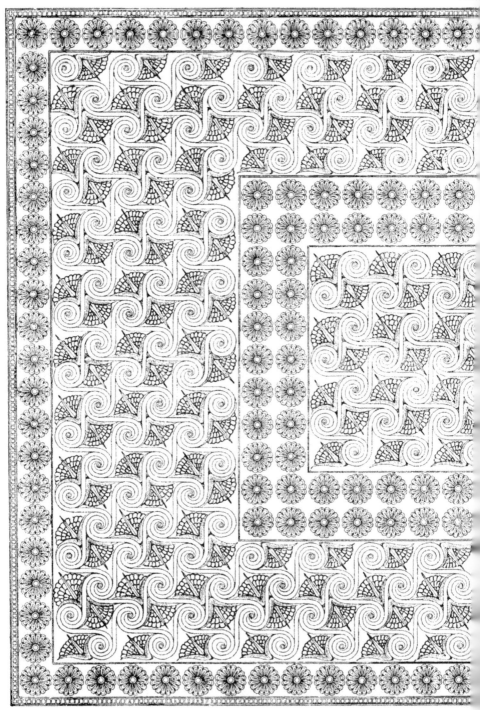

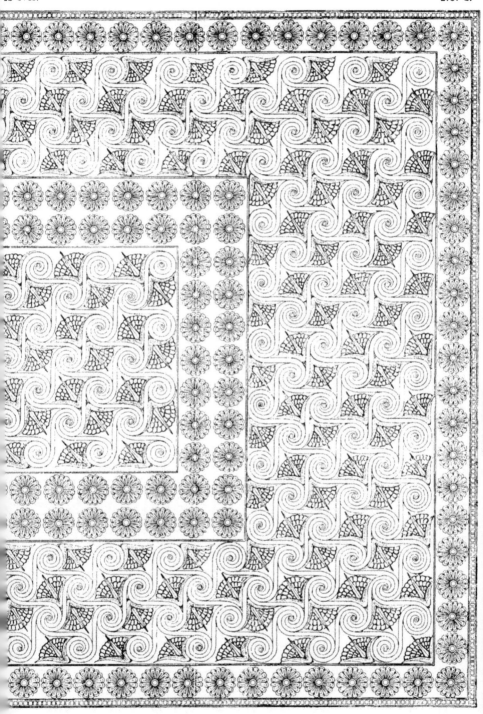

Leipzig: F. A. Brockhaus.

SCHLIEMANN, Orchomenos.

Leipzig: F. A. Brockhaus.

ORCHOMENOS UND SEINE UNMITTELBARE UMGEBUNG. № III.

SCHLIEMANN, Orchomenos.

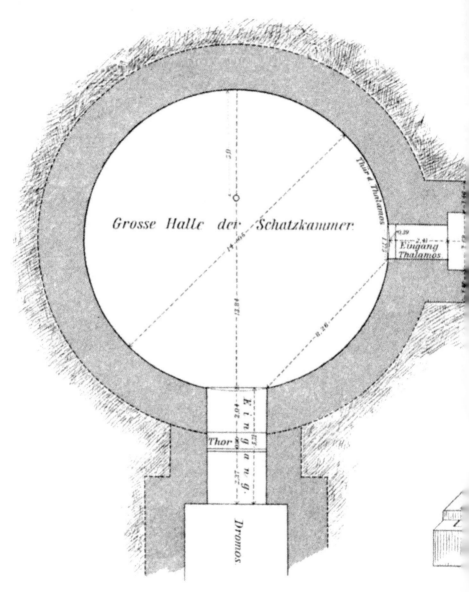

Grosse Halle der Schatzkammer

Eingang
Thalamos

Thor

Dromos

Plan der Schatzkammer des Minyas

Maßstab 1:200

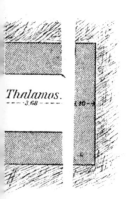

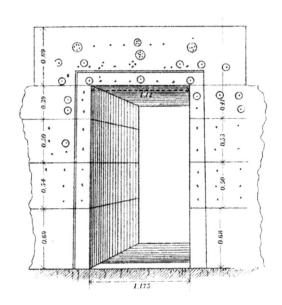

Thalamos.
··· 3,68 ···

Thür des Thalamos
Maßstab 1 : 50

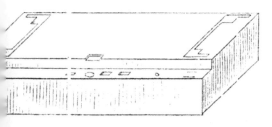

Thürschwelle
des Thalamos
Maßstab 1 : 50

Thorschwelle
Maßstab 1 : 50

Maßstab zu N.º V, VI, VII = 1 : 50.

Maßstab zu N.º IV = 1 : 200.

F. A. Brockhaus' Geogr.-artist. Anstalt, Leipzig.